Si usted desea estar informado de nuestras publicaciones, sírvase remitirnos su nombre y dirección, o simplemente su tarjeta de visita, indicándonos los temas que sean de su interés.

Ediciones Martínez Roca, S. A.
Dep. Información Bibliográfica
Enric Granados, 84 - 08008 Barcelona

COLORES Y CRISTALES

SUSANNE FRANZEN
RUDOLF MÜLLER

COLORES Y CRISTALES

Para su bienestar

NUEVA ERA

Ediciones Martínez Roca, S. A.

Traducción de J. A. Bravo

Cubierta: Geest/Høverstad

Dibujos: Sabine Paul

Quedan rigurosamente prohibidas, sin la autorización escrita de los titulares del «Copyright», bajo las sanciones establecidas en las leyes, la reproducción total o parcial de esta obra por cualquier medio o procedimiento, comprendidos la reprografía y el tratamiento informático, y la distribución de ejemplares de ella mediante alquiler o préstamo públicos.

Título original: *Vital und gesund durch Farben & Edelsteine*

© 1994 by Südwest Verlag GmbH & Co., Munich
© 1995, Ediciones Martínez Roca, S. A.
Enric Granados, 84 - 08008 Barcelona
ISBN 84-270-1968-8
Depósito legal B. 12.213-1995
Fotocomposición de Pacmer, S. A., Miquel Àngel, 70-72 - 08028 Barcelona
Impreso por Libergraf, S. L., Constitució, 19 - 08014 Barcelona

Impreso en España – Printed in Spain

PRÓLOGO

La medicina sutil entre el prodigio y la ciencia
No tiene el camino fácil quien intenta recordar los éxitos de las terapias naturales, ni quien redescubre para nuestra época los tratamientos ancestrales y largo tiempo olvidados, ni quien propugna vías nuevas, menos agresivas y más suaves para la medicina. Será la diana de los sarcasmos científicos y el enemigo de los profesionales colegiados, por muchos éxitos probados y documentados que pueda presentar.

El suave camino hacia un mayor bienestar
Hoy los defensores de la medicina sutil, la basada en la virtud de los colores y de las piedras, todavía son motivo de rechazo y desconfianza. Lo mismo que ocurre con tantas otras terapias alternativas que procuran corregir los trastornos de la armonía cuerpo-mente por medios no agresivos, basándose en un concepto holístico del ser humano.

En la era de la bioquímica y de la manipulación genética no se puede postular la necesidad de equilibrar no sólo las funciones corporales sino también las de la mente y el espíritu. Teniendo en cuenta los miles de millones que mueven las industrias de la salud, se comprende que no sea «político» decir que uno puede curarse con remedios tan sencillos como la aplicación de unos colores o de unos minerales, sin necesidad de profesionales ni de ningún costoso instrumental.

La medicina sutil es un camino posible hacia más salud, más armonía, mayor bienestar.

No se puede decir, y sin embargo son cada vez más las personas que confían en la «medicina sutil». ¿Cómo se explica esto? Esas técnicas no pueden relegarse sin más al dominio de la superstición. Recordemos cómo los primeros partidarios de los antiguos métodos curativos chinos fueron ridiculizados por la medicina oficial de los países occidentales. Hoy día la acupuntura china está reconocida incluso en las facultades universitarias de esa misma medicina oficial. Tampoco hace tanto tiempo que la medicina oficial se empeñaba en exigir la prohibición de los sanadores populares; hoy esa medicina ha adoptado muchos métodos de diagnóstico y tratamiento de los males, y los seguros de enfermedad abonan el importe de esos tratamientos, ¡y esto sí que es reconocimiento oficial donde lo haya! Por eso creemos que sólo es cuestión de tiempo el que las terapias descritas en este libro sean universalmente admitidas.

Aunque tampoco tenemos ninguna intención de desacreditar a la medicina oficial. Nuestro único propósito es describir caminos posibles, caminos alternativos hacia la salud. Recordaremos los orígenes de las antiguas terapias, daremos instrucciones prácticas sobre la manera de aplicarlas e indicaremos en qué casos la ciencia moderna ha corroborado su eficacia. Por encima de todo, nos interesa llamar la atención sobre una sabiduría tradicional que no trata el cuerpo enfermo como una máquina estropeada que sea preciso reparar, sino que prima sobre todo la armonía entre el cuerpo, la mente y el espíritu.

Una actitud abierta y de interés activo ante la medicina sutil nos ayudará a resolver muchas de las cuestiones que todavía tenemos pendientes y a solucionar muchos de los misterios que la ciencia todavía no abarca.

El escritor norteamericano Richard Bach asevera en su conocido libro *Juan Salvador Gaviota* que «se puede llegar a todas partes con tal de desearlo de veras». Así pues, sólo depende de nosotros el saber buscar, dominar y utilizar ese camino sutil hacia la salud, la armonía y el bienestar.

Sobre la virtud terapéutica de los colores y de las piedras preciosas

Esta virtud es conocida desde hace milenios. Incluso aluden a ella las primeras versiones del mito de la Atlántida. Los sabios egipcios tranquilizaban a los agitados o frenéticos empleando piedras verdes como el jade, la crisoprasa o la esmeralda, y combatían la escarlatina con piedras rojas como la carnalina o el rubí, o cubrían las ventanas con un pañuelo rojo.

Es sabido desde hace milenios que los colores y las piedras preciosas tienen eficacia curativa.
Supersticiones, dirán los escépticos. Sugestión, explicarán los que se las dan de ilustrados. No por eso los científicos verdaderamente serios y prestigiosos dejan de estudiar los efectos de los colores y de las gemas sobre el cuerpo y la mente. Pero dichos estudios se encuentran todavía en sus primeros balbuceos, pese a que los sabios de todas las épocas y de todas las culturas supieron curar por medio de los colores, y todas las religiones conceden una importancia inmensa al color para todo lo tocante al culto.

Es sabido desde hace milenios que los colores y las piedras preciosas tienen eficacia curativa.

Con todo, y aunque todavía nos quedan muchos misterios por descubrir, vamos averiguando algunas cosas en cuanto al efecto de los colores y de las vibraciones en lo físico y en lo psíquico. En 1903 el danés Niels Finsen recibió el premio Nobel por su descubrimiento de que la luz azul servía para tratar la tuberculosis de la piel y también contra la viruela.

Sabemos que el anaranjado excita el apetito y también lo saben los restauradores que pintan de ese color las paredes de sus establecimientos. En los países mediterráneos vemos que tradicionalmente se pintaban de azul los marcos de las puertas y de las ventanas: ¿acaso sabían que ese color repele a muchos insectos? Lo mismo sucede en los establos pintados de azul; las moscas los rehúyen.

Notas importantes

Las posibilidades y los métodos que se describen en este libro no sustentan la pretensión de reemplazar los tratamientos reconocidos por la medicina convencional.

Quien esté o crea estar enfermo, naturalmente debe consultar a un médico de su confianza, como es obvio.

No obstante, las posibilidades que ofrecemos aquí pueden complementar útilmente, en muchos casos, el tratamiento profesional. Pero sobre todo, contribuirán a mejorar nuestro nivel de bienestar general, fortalecerán nuestro cuerpo y nuestro espíritu, nos permitirán defendernos mejor contra las numerosas agresiones del medio ambiente y nos robustecerán frente a las incontables afecciones banales de la vida moderna.

¿QUÉ SON LOS COLORES?

NUESTRO MUNDO MISTERIOSO DE LUZ Y COLORES

La ciencia ha determinado que los colores se originan en nuestro cerebro. La visión de los colores es una cuestión importante e interesante. Lo primero, porque vivimos en un mundo de estímulos ópticos y porque hay entre nosotros muchos profesionales cuyo oficio consiste en darle todavía más color a ese mundo. Lo segundo, porque aún no se han agotado las sorpresas cuando tratamos de contestar científicamente a la pregunta: ¿cuál es el aspecto verdadero del mundo? Pues, aunque la imagen que tenemos de él no varía de un día para otro, sabemos que puede manipularse de un día para otro, y que lo veríamos distinto si lo mirásemos con los ojos de otro, como también los animales lo ven diferente que nosotros.

Isaac Newton y el enigma del arco iris

En el siglo XVII el genial científico inglés concibió la idea de estudiar la descomposición de la luz en los colores que forman su espectro. El naturalista hizo incidir un haz delgado de luz solar blanca sobre un prisma de cristal y halló que el haz refractado se descomponía en los colores del arco iris: violeta, azul, verde, amarillo, anaranjado y rojo.

El haz de luz descompuesto podía concentrarse luego por medio de una lente. Al reunir los haces de colores en el foco, se restituía el color blanco de la luz solar.
Con el prisma y la lente se creaban además diferentes colores por vía sustractiva: tapando uno de los colores del espectro antes de volver a concentrarlo, se obtenía luego como suma el color complementario, y no ya la luz blanca.

Este sencillo experimento fue el origen de lo que hoy constituye toda una rama de la ciencia: la óptica técnica. Y el sencillo prisma de Newton se ha convertido en un complicado y costoso instrumento, el espectrómetro, que sirve para averiguar la composición espectral de cualquier tipo de luz y determinar la intensidad relativa de cada color presente en la misma.

Los colores se originan en nuestra cabeza y no todas las personas los perciben igual.

El ojo, antena de radio

Lo que Newton demostró con su prisma es que la luz está compuesta por radiaciones de distintas longitudes de onda. Hoy sabemos que estas radiaciones son electromagnéticas, como las que nos sirven para escuchar la música de la radio o transmitir las imágenes de la televisión. Una pequeña parte del espectro electromagnético es visible para el ojo humano; se trata de la comprendida entre las longitudes de onda de 400 a 800 nanometros aproximadamente (el nanometro es la milmillonésima parte del metro, o una millonésima de milímetro).

Resumiendo en forma de cuadro:

Manifestaciones de las ondas electromagnéticas	Longitudes de onda
Radioondas (FM)	entre 1 y 10 metros
Televisión	entre 10 cm y 1 metro
Horno de microondas	entre 10 cm y 1 milímetro
Luz visible	entre 780 y 380 nanometros
roja	780 a 620 nanometros
anaranjada	620 a 595 nanometros
amarilla	595 a 570 nanometros
verde	570 a 500 nanometros
azul	500 a 440 nanometros
índigo-violeta	440 a 380 nanometros
Rayos X	menos de 60 nanometros

Los colores puros no existen

Lo que nosotros vemos como luz blanca es una mezcla de rayos luminosos de todas las longitudes de onda visibles. Y también la luz de color es una ensalada de ondas, porque los colores puros, entendiendo por tales la luz formada por una sola longitud de onda, no se dan en la naturaleza.

Por ejemplo, el disco rojo de un semáforo no contiene ondas cortas (azul-índigo). En su luz predominan las ondas largas (rojo), pero también se halla presente una proporción de ondas medias (amarillo). Ésta no es captada por el ojo humano, que se deja engañar por la abundancia del rojo.

El ojo tiene tres tipos de receptores

La percepción de los colores depende, en último término, de los tres tipos diferentes de «receptores» cromáticos que tenemos en el ojo. Algunos de éstos reaccionan sólo a la luz azul y verde; otros captan únicamente desde el verde-amarillo hasta el rojo. Y un tercer tipo (receptor verde) reacciona a la luz de todos los colores (longitudes de onda). La sensación de color se produce cuando el cerebro recibe los mensajes de estas tres clases de receptores y computa los estímulos resultantes.

En función de las relaciones entre las sensaciones o estímulos que captan estos receptores del ojo se obtiene cualquier percepción cromática.

El experimento del sol artificial

Podemos obtener una luz semejante a la del sol, es decir un blanco cálido, por medio de tres lámparas de distintos colores (rojo, verde, azul-violeta). Proyectemos, por ejemplo, sobre una pared blanca los haces de verde y rojo, de tal manera que se superpongan más o menos mitad con mitad. La zona de la pared en la que inciden ambos haces tomará el color amarillo. Si ahora le dirigimos el haz azul-violeta de manera que recubra parte de la superficie verde y parte de la superficie roja, la zona en donde inciden los tres colores quedará blanca. La ilusión es perfecta.

Pero si ahora intentamos descomponer esa luz blanca por medio de un prisma, como se hizo con el haz de luz solar, se descubre el engaño. La luz solar auténtica al descomponerse presenta todos los colores del arco iris, mientras que nuestra luz blanca artificial se revela compuesta de sólo tres colores: el rojo, el verde y el azul-violeta.

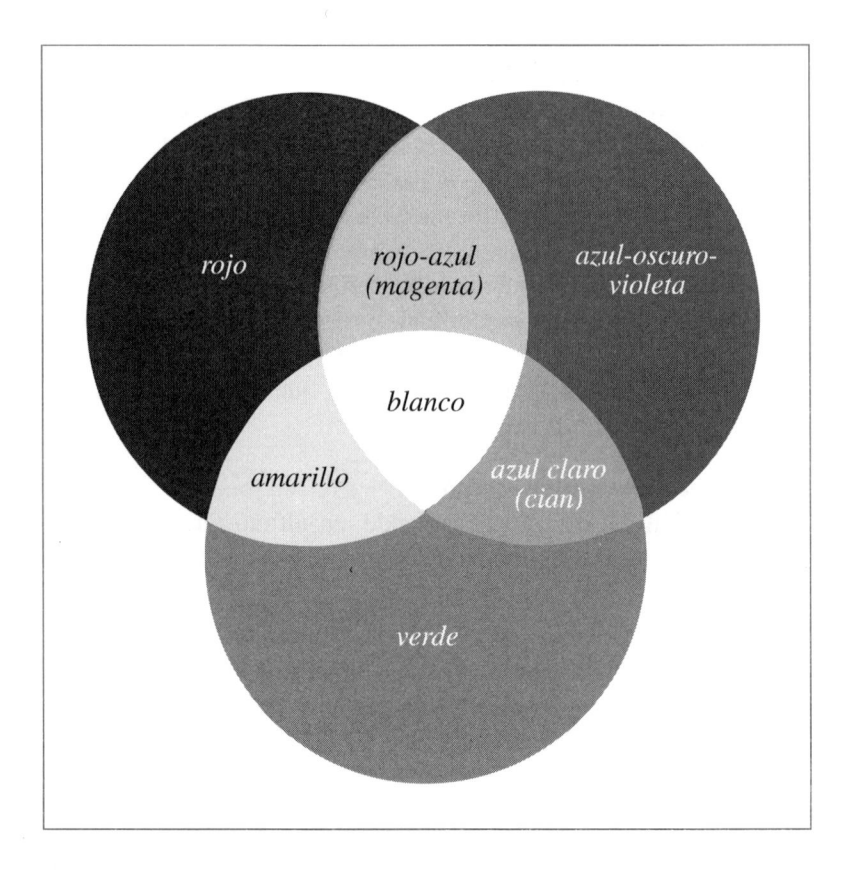

Así se engaña nuestro ojo

El daltonismo afecta con más frecuencia a los hombres que a las mujeres, y suele ser una anomalía congénita.

Mediante el procedimiento descrito puede obtenerse prácticamente cualquier color, o por lo menos engañar al ojo de manera que el cerebro perciba el valor cromático que se desee. Por eso bastan tres haces de distinto color, por ejemplo, para reproducir en la pantalla de un televisor, punto a punto, los colores de los objetos originales. Eso sí, para que se produzca la coincidencia total entre el original y su imagen, es preciso que el observador tenga los tres tipos de receptores en buen estado.

De esta condición se exceptúa un 8 % de la población, aproximadamente, constituido casi exclusivamente por hombres. Muchos individuos presentan deficiencia en la percepción del rojo o del verde, es decir que los receptores de rojo o de verde no reaccionan normalmente. La consecuencia es que estas personas a veces ven diferentes dos colores que parecen iguales a los demás, y viceversa.

Dicha deficiencia, llamada «daltonismo», no debe considerarse una ceguera para los colores, como a veces se dice impropiamente, ya que estas personas sí ven los colores, sólo que los ven de diferente manera que la mayoría de los observadores, digamos, «normales». Mediante complejas investigaciones se ha determinado que la capacidad de percepción del espectro cromático, es decir de las distintas longitudes de onda, varía bastante en la especie humana. La sensibilidad es mejor para el azul-verde y el amarillo-anaranjado. Dentro de estas dos gamas, los humanos distinguimos mejor los matices de color.

¿Por qué tienen color las cosas?

Las hojas de las plantas son verdes. Y esta constatación tan sencilla en apariencia resulta de un proceso bastante complicado, porque la calidad de la percepción depende de la luz solar y la composición de ésta no es la misma según las horas del día. En efecto, el recorrido de los rayos solares a través de la atmósfera varía, y los distintos colores quedan más o menos absorbidos. Al amanecer predomina bastante el rojo, a mediodía aumenta la proporción de azul y por la tarde vuelve a aumentar el rojo.

Para comprender cómo influye esta circunstancia sobre los colores del medio que nos rodea, es preciso saber cómo se produce la sensación de color de los objetos. Éstos absorben una parte de la luz que incide sobre ellos y reflejan el resto. Un objeto que, por ejemplo, refleja pocas longitudes de onda cortas (azul) y largas (rojo), pero muchas dentro de la gama de las longitudes medias, tomará para nosotros un color verde.

Pero si variamos el color de la luz que lo ilumina, también cambiará el de la luz reflejada, ya que el índice de reflexión para cada longitud de onda es constante.

Al iluminar un objeto con luz azul, aumentará la cantidad de luz azul reflejada. Por consiguiente el color de los objetos debería variar según la hora del día, las condiciones de la atmósfera, la humedad del aire, etc.

Sin embargo, la percepción cromática que nosotros tenemos de los objetos es relativamente constante, como demostraremos por medio de un sencillo experimento.

Iluminemos nuestro salón con una bombilla de color blanco y luego con otra de color rojo. El sofá azul seguirá pareciéndonos casi del

La cámara fotográfica demuestra que la sensación de color no depende exclusivamente de la composición de la luz reflejada.

El norteamericano Edwin Land, inventor de la cámara Polaroid, nos ha permitido conocer mejor los secretos de los colores.

mismo azul, la planta de interior verde y el cojín rojo igualmente rojo. Si ahora fotografiamos la habitación cargando la cámara con película corriente para diapositiva y luz natural, veremos que en la diapositiva el sofá azul sale de color violeta, la planta verde presenta un aspecto amarillento como si estuviese enferma, y el cojín rojo sale de un rojo todavía más intenso.

Por tanto, la percepción del color no depende sólo de la composición de la luz reflejada, y así lo demuestra la película fotográfica.

Partiendo de la hipótesis de que la percepción del color es un proceso que se desarrolla en la retina y en el cerebro, Edwin Land postuló que dicho proceso no sólo tiene en cuenta la luz incidente sobre un punto determinado sino, al mismo tiempo, las condiciones de iluminación de los puntos circundantes. Incluso desarrolló un procedimiento para calcular el valor cromático en cada punto; se trata de expresar la medida en que la luz incidente estimula un receptor y, al mismo tiempo, la reacción de éste a los puntos circundantes. Se obtienen así dos medidas, y la relación entre éstas, expresada numéricamente para los tres tipos de receptores, nos dará el valor cromático correspondiente a un color observado.

Con este procedimiento el valor no varía aunque se modifique la iluminación ambiente, dentro de ciertos límites. Por ejemplo, si recubriéramos toda la escena de negro, el mecanismo cerebral de cálculo quedaría privado de referencias y no podría funcionar.

Los colores son de importancia vital

La enorme capacidad de nuestro aparato óptico para percibir los colores con independencia de la iluminación ambiente, nos permite asignar un sentido a los colores y vivenciar en colores el mundo que nos rodea.

Para comprender hasta qué punto somos sensibles a los colores, necesitamos de ellos y precisamos redondear nuestras percepciones con ayuda de la información cromática, recordemos lo que sucede cuando la televisión nos presenta alguna película antigua en blanco y negro; mientras la heroína baila en brazos del príncipe de sus sueños, luciendo un maravilloso vestido de gala que a nosotros nos parece gris, imposible decir si ese vestido era en realidad rojo, verde, amarillo o azul.

Los investigadores que intentan seguir el camino de las imágenes entre la retina y el cerebro descubren cada vez más detalles notables acerca del aparato de la visión.

Así Wolf Singer, profesor de fisiología cerebral en el instituto Max-Planck de Frankfurt, asegura que «para el desarrollo normal de los centros de la visión es indispensable que el individuo reciba estímulos visuales desde las primeras fases de su desarrollo. Los individuos afligidos por una opacidad congénita de la córnea, por ejemplo, no recuperan completamente la visión cuando este defecto físico del ojo se corrige por vía quirúrgica después de la pubertad». Es decir que en este caso la ceguera reside en el cerebro.

«El caso más célebre, aunque no bien documentado científicamente, es el de Kaspar Hauser –prosigue Singer–, en donde se demostró que las funciones cerebrales sufren daños irreversibles cuando faltan durante las primeras etapas del desarrollo infantil los imprescindibles contactos con el mundo circundante.»

Kaspar Hauser tendría unos 15 años de edad en 1828, cuando apareció abandonado en las calles de Nuremberg. De su pasado nunca se supo nada, suponiéndose que lo tuvieron muchos años encerrado en una habitación a oscuras. Y pese al intenso esfuerzo pedagógico de las personas que lo recogieron, ya no fue posible enseñarle a hablar correctamente, ni aprendió nunca a distinguir los colores.

De la inmensa variedad de lo ofrecido a la visión, el ojo y el cerebro eligen exclusivamente aquellas cosas que supuestamente tienen sentido para nosotros, y además procuran realizar la selección por la vía más económica posible. El aparato visual es un filtro orientado a asegurarnos la supervivencia, pero no nos muestra el mundo «tal como es en realidad».

Los centros visuales humanos sólo se desarrollan normalmente cuando recibimos estímulos visuales desde la primera infancia.

La dificultad de explicar el color

¿Qué es, por tanto, este fenómeno misterioso, inmaterial en apariencia y sin embargo tan fascinante, al que llamamos color? Según la definición oficial, color es todo estímulo óptico que no sea de forma (DIN, 5033 hoja 1). Y aunque esta explicación de nuestros cuidadores de la norma pueda parecer excesivamente seca, sin embargo apunta a un detalle esencial:

Casi siempre, el color es algo subjetivo que sólo existe en la recepción del observador dotado de un «aparato receptor». O dicho de manera más apodíctica: Sin el ojo, ni la luz ni el color existen. Pero convendría hilar un poco más fino, porque la ciencia ha demostrado que la percepción del color no depende exclusivamente del aparato receptor llamado «el ojo», o dicho de otra manera, la luz también penetra en nuestro organismo por otras vías y sirve a otros fines. De lo contrario, los ciegos presentarían síndromes de privación mucho más graves que las pequeñas anomalías del metabolismo que algunos de ellos padecen. Resulta que la luz y el color son indispensables para la vida.

La percepción del color tiene un aspecto consciente y otro inconsciente. Todos nos sentimos más alegres y más activos después de los largos meses de invierno, cuando estalla por fin la primavera con sus brillantes colores. Conscientemente sabemos si preferimos vestir un jersey rojo o azul, y tenemos nuestras propias ideas acerca de tapicerías, alfombras y muebles. Algunas habitaciones nos transmiten sensación de confort y otras nos sofocan sin que sepamos exactamente a qué atribuirlo. Pero si la pintamos de otro color, puede ocurrir que la habitación inhóspita se convierta en nuestra estancia favorita.

Si prestó usted atención durante sus clases de física recordará que la luz presenta diferentes frecuencias de oscilación. Las longitudes de onda de esta oscilación se miden en nanometros (milmillonésimas de metro). Cada longitud de onda produce una reacción diferente en las células del organismo. La renovación de las células exige la presencia de unos pigmentos llamados citocromos; pero éstos se destruyen fácilmente por incidencia excesiva de la luz ultravioleta, o por la presencia de contaminantes en el medio ambiente. Las oscilaciones de los colores y de los minerales pueden originar disonancias perjudiciales, como lo han demostrado los estudios en relación con los colores y su influencia sobre el régimen hídrico del organismo (Heinrich Frieling, *Das Gesetz der Farbe*, 1968).

Los ojos son el órgano sensible a la luz, pero también lo es la piel, nuestro órgano sensorial más extenso. Y por cierto que la gama de las oscilaciones electromagnéticas fisiológicamente eficaces no se limita al espectro visible (aproximadamente 380 a 780 nanometros); las ondas largas de los infrarrojos y las cortas de los ultravioleta surten asimismo efectos sobre nuestro organismo, aunque sean energías invisibles. Lo que vemos, en cambio, es materia (luminosa o iluminada), de ahí esta afirmación del psicólogo Kurt Goersdorf: «En sí misma la luz no es un fenómeno sino una fuerza activa, y esa acción se manifiesta en todo el cuerpo y a través de los órganos vinculados al sentido del tacto».

En realidad la luz no actúa únicamente sobre los ojos, sino en todo el cuerpo, con efectos sobre el organismo humano entero.

Ver sin utilizar los ojos

Por tanto, no debe extrañar demasiado que algunas personas puedan «ver» a oscuras o con los ojos vendados. Este tipo de visión opera a través de las yemas de los dedos.

Uno de los casos más enigmáticos que registra la moderna investigación de los colores es el de Patricia Ainsworth Stanley, ama de casa norteamericana de Flint (Michigan), que distingue los colores con las yemas de los dedos, a oscuras o con los ojos vendados, e incluso llevando guantes de plástico transparente, lana o caucho siempre y cuando sean muy finos; la única condición es que la epidermis de los dedos debe hallarse a una temperatura de 24 °C como mínimo, habiéndose determinado que el valor óptimo para estos experimentos era el de 27 °C. El profesor Youtz, que estudió este fenómeno, quiso corroborarlo mediante pruebas con sus alumnos y realizó el sorprendente descubrimiento de que con la práctica podían adquirir la mencionada facultad hasta un diez por ciento de ellos, o mejor dicho de ellas, ya que por lo visto se halla reservada a las mujeres. Este y otros casos similares han sido comentados en revistas como *Science News Letter* y *Life International* bajo titulares por el estilo de «Ver con los dedos» y «Distinguen los colores por el tacto». También la revista especializada *Das Farbenforum* descubrió un caso parecido en Rusia; el largo reportaje ha sido resumido por el doctor Heinrich Frieling en los términos siguientes:

Un caso típico de visión con los dedos

«La joven rusa Rosa Kuleshova, oriunda de Nishni Tagil, trabaja en un instituto para ciegos y reconoce con los ojos vendados las letras de un abecedario, así como los colores de diferentes muestras de trapos. Puede leer el periódico y describir imágenes con los ojos vendados. Tan extraordinarias facultades llamaron la atención del médico Josif Goldberg, quien sometió a la joven, epiléptica por cierto, a detenidas exploraciones, luego completadas por el profesor David Schäfer del Neurológico de Sverdlovsk. En éste se dictaminó que nos hallamos ante un caso extraordinariamente raro de especialización y entrenamiento de la sensibilidad cutánea, que ha permitido captar con las yemas de los dedos aquellas cosas que normalmente se perciben por medio de la vista.

»Al principio los neurólogos y psicólogos creyeron, naturalmente, que Rosa Kuleshova captaba las tenues diferencias de calidad de los

Estudios científicos han demostrado que algunas personas pueden distinguir los colores con las yemas de los dedos.

estímulos que presentaban al tacto las superficies observadas; pero esta hipótesis no explica sus facultades ya que al cubrir las imágenes, las muestras de color y los periódicos con una película de celofán, la joven todavía fue capaz de describir el círculo de los colores diciendo que el blanco era para ella una superficie lisa, el negro una superficie granulosa como formada por diminutos guisantes, el verde como pequeños cuadrados y el rojo como una muestra de líneas en zigzag.

»Se efectuaron luego algunos ensayos con textos escritos a máquina. Una persona entrenada puede llegar a descifrarlos al tacto, gracias a la impresión en hueco que el tipo produce en el papel. Rosa Kuleshova experimentó alguna dificultad en conseguirlo y le resultó más fácil otro fragmento mecanografiado con cinta de color, pese a que en este caso el impacto sobre el papel era menos pronunciado. A oscuras y con los ojos vendados además, Rosa Kuleshova identificó los colores proyectados sobre la superficie opuesta de una placa de vidrio de tres a cuatro milímetros de espesor. [...]»

Otro indicio que pone de manifiesto la importancia de la luz y del color es que los individuos que han permanecido largo tiempo confinados en cuevas oscuras van perdiendo agudeza visual; primero disminuye la percepción de los colores y más tarde la sensibilidad a la luz en general.

EL NATURISMO, LOS COLORES Y LAS GEMAS

REDESCUBRIMIENTO DE ANTIGUOS SECRETOS
La medicina convencional moderna, a diferencia de las medicinas alternativas, se resiste al empleo de la virtud de los colores. Muchos de los postulados del naturismo actual, sin embargo, eran ya conocidos y utilizados para terapias de todas clases tanto en la Antigüedad como en la Edad Media; cierto que en estas épocas no se distinguía entre la ciencia y el arte, lo mismo que hoy sería inadmisible el establecer diferencias entre las disciplinas científicas. La cromoterapia tenía su lugar asignado en un terreno intermedio entre el arte, la filosofía y la religión.

El culto solar egipcio, una cromoterapia
Hacia el año 2500 a. C. hallamos entre los egipcios las primeras indicaciones sobre el poder terapéutico de los colores y su capacidad para influir en el estado anímico. Se utilizaban en los rituales religiosos y en el culto solar, especialmente para provocar éxtasis y trances en los sacerdotes y servidores de los templos.

Solían construir en los recintos de los templos unas celdas dedicadas a la meditación, siempre orientadas al sur y pintadas de diferentes colores. En esas estancias soleadas y alegradas por los suaves tonos de la pintura al fresco o al temple hallaban consuelo y curación los enfermos, o rezaban los soberanos y los pontífices.

Para todos los actos del culto prescribían detalladamente los colores de los ropajes y de las pinturas con que se adornaban la piel. ¡Una raya de coloración equivocada podía motivar la ira de los dioses!

Tenían en alta estima el arte de fabricar y mezclar los pigmentos y los tintes, y prescribían minuciosamente los colores de los ropajes reservados a los distintos estamentos de la sociedad.

También habían fijado los colores correspondientes a cada mes y día del año, y no sólo para la vestimenta que debían lucir en cada ocasión los cortesanos y los sacerdotes, sino incluso a la hora de poner la mesa para el rey o el pontífice.

Los restos de los monumentos del Egipto antiguo permiten intuir todavía la riqueza cromática que sabían emplear los egipcios.

Las gemas como medio terapéutico en la India

En las tradiciones de la India hallamos formas de cromoterapia muy antiguas y ya muy desarrolladas. Hay escrituras datadas alrededor del 2000 a. C. con descripciones de tratamientos a base de gemas. Sacaban los enfermos al sol y disponían sobre las partes enfermas o doloridas diferentes piedras preciosas, con objeto de concentrar los colores sobre dichos puntos; en efecto las piedras preciosas se caracterizan por ser formas cristalinas de notable sencillez molecular, a menudo transparentes, lo cual permite conseguir luz coloreada de gran pureza.

En aquellos tiempos era desconocido el arte de la fabricación del vidrio coloreado, por lo que apenas cabía otro recurso sino el de las piedras preciosas, aunque fuesen muy caras y únicamente los potentados pudiesen permitírselas.

El efecto de los colores puede lograrse también por medio de la meditación.

Otra práctica habitual en la India era recomendar a los pacientes la meditación sobre un color determinado. Creían que se obtenía un efecto curativo o relajante al visualizar determinados tonos con el ojo interior o «respirar» mentalmente los colores. Los sanadores indios postulaban la equivalencia entre el mero hecho de pensar en un color y el tratamiento físico real con ese mismo color.

Fototerapia y cromoterapia en la Edad Media

El médico, filósofo y alquimista árabe Avicena (*Ibn Sina*, 980-1037) fue uno de los sabios más destacados del Islam. Su obra principal *La curación* influyó durante siglos en las concepciones médicas; se basó en las teorías aristotélicas sobre los cuatro humores corporales y sugirió la posibilidad de influir mediante los colores sobre los distintos temperamentos.

En efecto, se distinguían entonces los temperamentos colérico, melancólico, sanguíneo y flemático, a los cuales correspondían los cuatro elementos fuego, aire, tierra y agua, así como los colores rojo, amarillo, verde y azul.

Propone Avicena que la sensibilidad humana puede estimularse mediante la proyección de la luz solar en una estancia a través de cristales de colores. En su libro desaconseja por ejemplo tratar una hemorragia nasal en una habitación donde predomine el rojo, o el empleo del color azul en el tratamiento de un sujeto depresivo.

La cromoterapia recupera su vigencia en Europa con la santa Hildegarda de Bingen (1098-1179), en cuya obra podemos distinguir dos temáticas principales: de un lado, los escritos teológicos; del otro, las ciencias naturales, en cuyo apartado dedica varios capítulos al tratamiento de los enfermos mediante las piedras preciosas y otros minerales. Volveremos sobre este personaje y sus ideas terapéuticas en la parte que dedicamos a la virtud curativa de las piedras preciosas.

Sin duda la aplicación más elevada y artística de los cristales de colores fueron las vidrieras emplomadas de las iglesias y catedrales del Medioevo. Los pensadores y los letrados de la época fueron precursores del pensamiento holístico por cuanto tenían como hecho indiscutible la unidad entre el ser humano, la naturaleza y el espíritu, y nunca se les habría ocurrido estudiar ni tratar de sanar nada por separado. Los sanos y los enfermos se bañaban en la luz coloreada que penetraba a través de estos vidrios en el interior de los templos.

Es fácil demostrar que la cromoterapia y el pensamiento holístico tienen una larga tradición en la historia de la humanidad.

Éxitos de la cromoterapia en los siglos XIX y XX

Con el progreso científico, a comienzos del siglo XIX la universidad y la investigación médica volvieron a ocuparse de la curación por medio de los colores. Uno de los precursores fue el norteamericano Edwin Babitt, quien ideó una lámpara de arco provista de filtros cambiables con los colores del arco iris. Este sistema proporcionaba una forma económica de tratamiento, que se ensayó sobre todo con pacientes psiquiátricos.

En 1875 el médico italiano Ponza instaló en un frenopático varias celdas, en cada una de las cuales acondicionaba de un solo color las lámparas, las sillas, las mesas, las tapicerías, el empapelado e incluso las ventanas. Era cuestión de evitar cualquier contraste que pudiese distraer al paciente de esta «inmersión» total en las vibraciones de un color determinado. Para las sesiones terapéuticas se podía elegir entre la habitación roja, la azul, la amarilla y la verde. El caso es que Ponza logró aliviar los padecimientos de sus pacientes pero no obtuvo ninguna curación definitiva.

Ghadiali Dinash, ingeniero de origen indio, ensayó en Estados Unidos entre 1920 y 1945 un nuevo sistema de cromoterapia consistente en iluminar el cuerpo de sus pacientes con doce colores normalizados utilizando un proyector de diapositivas. También este tratamiento se orientaba a la curación de anomalías psíquicas.

Tomándose muy en serio estos antecedentes, el médico alemán Felix Deutsch se propuso desarrollarlos y estudiar la relación entre los estados de ánimo y los factores ambientales. Al igual que el italiano Ponza, utilizó las instalaciones especiales en habitaciones con ventanas grandes que diesen mucha luz. Éstas se revestían de cristales recambiables de distintos colores, y la iluminación interior iba a juego; los colores elegidos por Deutsch fueron un rojo saturado y un verde ambarino.

Una vez puesta la estancia del color adecuado, el médico y su paciente pasaban en ella entre media hora y una hora, incluso revistiéndose ambos con batas de color a juego para evitar toda distracción.

El tratamiento constaba de cinco a diez sesiones de este género, y causó en su época no poca sensación por los éxitos obtenidos frente a diversas dolencias psicosomáticas como insomnios, ahogos e hipertensión, resultados que él atribuyó a las vibraciones de los colores y a sus efectos sobre el organismo.

El progreso de las ciencias naturales y de la técnica permitió dar una base científica a la cromoterapia.

Después de cada sesión proponía al paciente un extenso cuestionario para averiguar su disposición física y psíquica, además de controlar el pulso, la respiración, la tensión sanguínea y los agarrotamientos musculares, todo ello con el fin de determinar cómo influía en el estado del paciente la exposición a un color determinado con exclusión de todos los demás.

Al igual que todos los científicos que han estudiado los métodos naturistas, Deutsch halló una relación directa entre las actitudes subjetivas de los pacientes y el resultado terapéutico.

La armonía perfecta del cromatismo suscita una armonía de la emotividad y ésta, a su vez, moviliza los procesos psíquicos capaces de iniciar una curación.

Los colores y la armonía que ellos emiten movilizan las fuerzas autoterapéuticas del organismo y pueden iniciar la estabilizazión de la vida psíquica.

DESCUBRA SU COLOR PERSONAL

Lo que sus colores preferidos revelan acerca de su vida psíquica

Las culturas antiguas tuvieron por cierto que los colores tienen influencia sobre el espíritu. La elección de los colores favoritos dice mucho de una persona y nos suministra detalles acerca de su disposición anímica, pero se necesita algo más que pasar alguna vez un test de colores; mientras los resultados de un test de inteligencia, por ejemplo, suelen ser relativamente constantes, en cambio las preferencias cromáticas dependen de situaciones emocionales momentáneas, condiciones ambientales como la iluminación o estados de estrés.

El test de los colores: algo más que un juego

El test de los colores depende mucho más del estado de ánimo que los tests de inteligencia por lo que se refiere a los resultados.

Debe ser divertido, por supuesto, pero además deseamos obtener conclusiones significativas. Para ello tendremos en cuenta las reglas siguientes:

. En la cara interna de las solapas de este libro hallará usted las muestras de colores para el test.

. Debe repetirse el test varias veces durante un período de dos semanas por lo menos.

. También es recomendable elegir días de la semana distintos, a diferentes horas, unas veces con luz artificial, otras bajo luz natural, y unas veces hallándose descansado y otras después de la jornada de trabajo, con todo el estrés a cuestas todavía.

Determinación gradual del color preferido

. Durante las dos semanas citadas, considere varias veces las muestras de color aquí reproducidas, procurando concentrarse.

. Elija el color que más le agrade tras detenida consideración, pero sin pensar en aplicaciones concretas como el vestuario o la decoración, sino dejándose guiar siempre por la preferencia más elemental, por los sentimientos que suscita en usted ese color. Lo mejor es preguntarse: «¿Con cuál de estos colores me encuentro más a gusto?».

. Anote el resultado de esta búsqueda del «color más agradable». Aunque la elección pueda resultarle difícil, procure centrarse en un solo color cada vez que efectúe la prueba, y consuélese pensando que dentro de pocas horas o de pocos días repetirá el test, lo cual significará quizás la posibilidad de preferir otro color.

Transcurridas las dos semanas, relea sus anotaciones y vea cuál es el color citado con más frecuencia. Un análisis detallado suele exigir también atención a los colores nombrados en segundo y en tercer lugar; de momento, no obstante, nos fijaremos sólo en el preferido con mayor asiduidad, cuya interpretación hallará en la lista siguiente.

Lo que revelan los colores preferidos

Una vez adquirida la seguridad acerca de cuál de los 22 colores es su preferido, y habiendo descartado la posible influencia de los estados de ánimo transitorios, el test nos dirá muchas cosas acerca de su carácter.

¿Cuál es su verdadero estado de ánimo? ¿Está luchando con problemas íntimos que no consigue resolver? ¿O tal vez incluso está descontento consigo mismo por vivir o verse obligado a vivir de una manera que contraría sus verdaderas inclinaciones? ¿Se siente incomprendido por alguna otra persona o personas?

El test de los colores nos proporciona un método bien sencillo para conocernos a nosotros mismos y para descubrir caminos que pueden conducirnos a una vida espiritualmente más agradable.

El test de los colores supone una oportunidad para conocerse uno mismo, lo cual inaugura el camino del propio perfeccionamiento.

1. El blanco

La preferencia por este color permite deducir cierta tendencia a negar la realidad. Muchas de las personas que eligen este color han ido construyendo con el tiempo un mundo propio, un universo aparente en donde nadie más puede penetrar, mundo que desean limpio y puro como el color blanco, precisamente, y que están dispuestas a defender.

El blanco también puede significar el deseo de olvidar algo. En el pasado hay un acto o una vivencia que uno preferiría relegar para siempre a los dominios de lo inconsciente.

Es frecuente, y signo de cierta timidez, la elección del blanco por parte de los niños, y sobre todo las niñas de corta edad.

Cada uno de los colores tiene una influencia peculiar sobre el psiquismo humano.

2. El gris

Este tono simboliza en líneas generales la rectitud y la calidad. Los aficionados al gris tienden a ocultar sus sentimientos y parecen un poco enigmáticos a los demás. Reprimen prontamente las penas y las tristezas, prefiriendo mostrarse fuertes y que sean los demás quienes busquen consuelo en ellos. En su fuero íntimo, sin embargo, saben que muchas veces se exigen demasiado a sí mismos, motivo por el cual son propensos a padecer afecciones de origen psicosomático. Si se considera retratado por esta descripción, debería buscar qué experiencias del pasado tiene reprimidas, y tal vez ello le serviría para permitirse un poco más de indulgencia consigo mismo.

3. El negro

Es una elección poco frecuente, si tenemos en cuenta que debemos hacer abstracción del vestuario y de las modas mientras buscamos nuestro color preferido, ya que en este caso rigen otras consideraciones. La elección sincera del negro revela un conflicto interior verdaderamente serio. La combinación de rojo y negro produce un color pardorrojizo, que suele ser el preferido de quienes se rigen siempre por la razón y actúan disciplinadamente. El negro en combinación con el violeta puede indicar tendencias autodestructivas, como sucede muchas veces después de la pérdida de un ser querido, o cuando uno se halla en situaciones aparentemente insolubles. El negro simboliza también la perseverancia, la capacidad para resistir en situaciones de adversidad.

4. El amarillo

Las personas que prefieren el color amarillo son de carácter franco, abierto en las relaciones con los demás. Tienen aficiones muy variadas y suelen poseer una cultura general bastante amplia, en función del medio social en que se mueven. Les gustan los libros, las tertulias interesantes, el teatro y demás actividades artísticas, y no rehúyen la novedad y la experimentación. Son capaces de ponerse en el lugar de los demás y las personas que los tratan les atribuyen facilidad de palabra y vivacidad. Sin embargo, también son propensos a aislarse interiormente y procuran marcar distancias en el trato. Son propensos al nerviosismo, lo cual determina explosiones de la sensibilidad latente.

Los niños que prefieren el color amarillo manifiestan falta de concentración porque absorben demasiadas informaciones y no consiguen ordenarlas y asimilarlas.

5. El anaranjado

Por su franqueza, simpatía, amabilidad y cordialidad en el trato con sus semejantes, los que prefieren el anaranjado se ganan el aprecio de las personas que les rodean. Los hombres «del anaranjado» son muy conscientes de su atractivo; a las mujeres «del anaranjado» nunca les faltan pretendientes, aunque muchas veces son celosas y ello les origina conflictos.

En el terreno profesional suelen desenvolverse bien, aunque no sin reveses ocasionales. Éstos les originan depresiones, pero se rehacen en seguida y reconquistan una posición favorable, ya que sus excelentes disposiciones de carácter –cordialidad, simpatía y comprensión– les facilitan la adaptación a nuevos ambientes profesionales y las relaciones con los nuevos colegas.

6. El verde amarillento

El aprender, la acumulación o la ampliación de sus conocimientos, es una de las actividades favoritas de los que prefieren esta tonalidad, pero siempre teniendo un objetivo a la vista. Ellos procuran sacar tajada de lo aprendido, ya que no son aficionados a las especulaciones filosóficas ni a los estudios abstractos. Suelen fijarse metas ambiciosas y, poco dados a la improvisación, organizan bien sus jornadas. Nada les causa tanta contrariedad como un imprevisto. Hay que aconsejarles que procuren desconectar y

Los colores amarillo y anaranjado son vecinos en la gama, pero notablemente distintos en cuanto a su acción en el terreno psíquico.

descansar de vez en cuando, por muchos que sean sus proyectos y sus ambiciones. Prefieren las vacaciones en los países meridionales, pero no se conforman con holgazanear y tomar el sol en la playa; incluso en los períodos de descanso procuran ocuparse en algo.

7. El verde manzana

Los que se identifican con este color gozan de las más felices disposiciones naturales. Disfrutan de la vida y les gusta ver personas felices a su alrededor. Sueñan con alcanzar una cómoda estabilidad, por ejemplo tener una casita en el campo, atendido que este color expresa la afinidad con la naturaleza; pero eso no significa, ni mucho menos, que sean unos soñadores románticos, pues resuelven con decisión y buen criterio los asuntos de dinero. Los fenómenos científicamente inexplicables no les atraen, lo cual no quita que mantengan una actitud abierta en relación con las novedades y las hipótesis aventuradas. Aunque son muy sociables, aborrecen las reuniones formales y protocolarias que impiden la manifestación de la espontaneidad. Y si bien aprecian el bienestar y la seguridad financiera (como casi todo el mundo), son más bien modestos en cuanto a sus exigencias personales.

El verde-amarillo, el verde primavera y el verde claro son tres matices del mismo color; sin embargo guardan correspondencia con rasgos del carácter totalmente diferentes.

8. El verde claro

Es usted un amante de las músicas discretas, de la belleza callada. Le atraen todas las cosas estéticas. Aunque atento y cordial con sus amistades y compañeros de trabajo, cuyas preocupaciones y cuyas alegrías comparte gustosamente, en el fondo vive un poco retirado, por no decir solitario. Le gustaría cambiar el mundo y comprende las ideas revolucionarias, aunque le falta dureza para lanzarse personalmente a la acción. Cierto que el sujeto «verde claro» es capaz de obrar con energía y de echar, por ejemplo, una bronca a un subordinado, pero en su fuero íntimo es un carácter tierno y tímido. Profesa ideales elevados, lo que le dificulta la elección de compañero o compañera. Dialoga a menudo consigo mismo, pero por timidez no suele expresar públicamente las ideas, ensoñaciones y anhelos de esa vida interior suya.

9. El verde aceituna

El que elige este color suele presentar un rostro alegre y relajado que no permite adivinar sus frecuentes e intensas luchas interiores. Estas personas desearían someterse al ascendiente de un compañero más fuerte que ellas. Pero como han decidido llevar una vida independiente, a veces asumen un papel público que «les viene algo grande»; los conflictos que ello origina los asumen fácilmente. No son personas indicadas para las actividades que exigen carácter duro y pocos miramientos, ya que éstos son rasgos que aquéllas aborrecen al máximo. Sí en cambio tienen condiciones para los trabajos creativos que permiten expresar la propia originalidad; en ellos pueden hallar una carrera prometedora.

10. El verde

Las personas «verdes» sólo creen en aquello que se puede ver y tocar; las consideraciones espiritualistas o estéticas no les dicen nada. A cualquier oferta o demostración de amabilidad se enfrentan en principio con bastante escepticismo. No obstante la gama de los distintos matices de verde abarca una gran variedad de tipos humanos, desde el filántropo y amante de la naturaleza, pasando por el pedante que irrita a todo el mundo, hasta las amas de casa neuróticas que no dejan de pasar el plumero todo el día. Por eso, cuando el color preferido sea el verde puro nos fijaremos en cuál es el color elegido en segundo lugar. Las personas que citan aquí el amarillo y los tonos intermedios entre el amarillo y el verde son especialmente hábiles en el manejo del dinero, y se les recomiendan la carrera profesional en la banca, los seguros o los negocios de inversiones. En cambio los que tienden hacia otros colores más cálidos como el rojo y el anaranjado manifiestan que la familia es el centro de su mundo; son individuos comprensivos y dotados de gran paciencia y capacidad para ponerse en la situación de los demás.

La gama de los verdes comprende caracteres muy diversos, desde el amante de la naturaleza, pasando por el pedante, hasta el ama de casa que quiere tenerlo todo de punta en blanco.

Los amantes del orden citan el azul como color favorito; a los que prefieren el azul celeste no les gusta confesar sus debilidades.

11. El azul

Los individuos que manifiestan una marcada preferencia hacia el azul saturado suelen caracterizarse por su exactitud y sentido del orden. Lo imprevisto, el caos, lo desconocido, les resultan francamente desagradables. Confían en las buenas intenciones de los demás, y aunque esto les vale más de una decepción, se recobran en seguida. En las situaciones de crisis son como rocas firmes y asideros salvadores para quienes les rodean. En el fondo lo que sucede es que tienen muy buena opinión de sí mismos, pero no suelen permitir que se les note. El niño que prefiere el color azul tal vez manifiesta con ello una madurez prematura y una cierta incapacidad para expresar los sentimientos.

12. El azul celeste

Una máxima de la vida del individuo «azul celeste» es no confesar la menor debilidad nunca, bajo ninguna circunstancia. Y como muchas veces quieren abarcar más de lo que pueden, a menudo se ven metidos en situaciones conflictivas, aunque suelen asumirlas con bastante éxito. Las personas que los rodean difícilmente llegarán a darse cuenta de las dudas y de los temores que atormentan a los «celestes» en esas condiciones. Disimulan a la perfección los altibajos de su estado de ánimo. Y, sin embargo, tienen una gran necesidad de protección y de seguridad, sólo que su carácter les impide poder expresar esos deseos y ello les dificulta la elección de pareja. Como no quieren confesarse ni siquiera a sí mismos la necesidad de amparo, rara vez la admitirán ante otra persona. El dominio que tienen de sí mismos, unido al conocimiento íntimo de que la necesidad de protección es universal, los hacen idóneos para todas las profesiones que de una manera u otra consistan en prestar cuidados al prójimo. En ellas combaten la fatiga con grandes dosis de paciencia, lo cual redunda en beneficio de las personas a quienes cuidan o protegen.

13. El azul verdoso

La preferencia por este color, sobre todo si viene asociada con el púrpura, el violeta o el lila como segunda opción, indica una personalidad muy original, que desdeña los convencionalismos y las tradiciones burguesas. Les aburren los trabajos que consisten en sentarse detrás de un escritorio a las nueve en punto y abandonarlo a las cinco en punto de la tarde; además sus ideas inconformistas no suelen concitarles el favor de los superiores. Difícilmente encajan en ningún esquema, y confían poco en los demás, razón por la cual suelen disimular sus sentimientos. Por duros que sean los reveses de la fortuna no permitirán que se les note, aunque interiormente estén al borde de una erupción volcánica. Pese a sus tendencias egoístas, se dominan férreamente y casi nunca darán el espectáculo de una explosión emocional.

14. El azul marino

Por fieles a sí mismos, cumplidores y fundamentalmente honrados, ya que viven siempre con arreglo a las máximas que profesan, estos sujetos se exponen a sufrir más de una decepción en la vida. De ahí su carácter a veces reivindicativo y algo rígido, que no son cualidades que permiten ganar amigos precisamente. Sin embargo y pese a cierta tendencia a aislarse, no carecen de aptitudes para la vida social, y cuando las circunstancias son propicias pueden revelarse como tertulianos ingeniosos y amenos. Hay que prestar atención al color elegido en segunda opción. ¿Es el rojo-anaranjado? Estas personas rara vez corresponden a las muestras de cariño o de afecto que reciben. Si es el amarillo, estamos ante un luchador, que apartará sin escrúpulos todo lo que se oponga a sus planes; sin embargo, algunas veces fracasan por ceder a sus inclinaciones especulativas y arrostrar grandes riesgos, que les exponen a reveses sonados.

El aficionado al azul verdoso suele caracterizarse por su personalidad original; en cambio los que prefieren el azul marino son justicieros y ordenancistas.

15. El rojo

Disfrutan plenamente de la vida, pero también le exigen mucho, al igual que son muy exigentes consigo mismos. Todo lo hacen rindiendo al máximo y con dedicación total. A veces el entusiasmo los induce a exagerar un poco. Pero tienen sentido práctico, pies a tierra, que les ayuda a superar muchos altibajos. Son comprensivos para con los demás y no hay mejores amigos en las situaciones de dificultad, pero exigen ser correspondidos. Les gusta ser el punto medio o el personaje principal en todas las situaciones, y por lo general lo consiguen.

Habitualmente el rojo es el color preferido de los niños de corta edad; es posible que ello guarde alguna relación con el grado de desarrollo

El «rojo» es un hedonista y un exigente, pero también un trabajador perseverante. El «rosa» tiene muchos pájaros en la cabeza y sus proyectos suelen chocar con la realidad.

cerebral, teniendo en cuenta que el cerebro es el órgano principal de la percepción del color. A medida que se enriquecen las conexiones neuronales aumenta la capacidad de diferenciación cromática y con ello la posibilidad de cambiar a otro color preferido. Un interesante estudio realizado en Estados Unidos demuestra que los niños de las comarcas rurales siguen prefiriendo el rojo durante más tiempo que los de las grandes ciudades; éstos reciben más estímulos y presentan un mayor número de aficionados a los colores fríos, como el azul.

16. El rosa

A veces la preferencia por el rosa es un modo de ser. Como si estas personas hubiesen optado por vivir en una nube rosada. A primera vista sus propósitos y sus proyectos parecen perfectamente razonables; lo que pasa es que entre éstos y los actos media una carrera de obstáculos que muchas veces no son capaces de superar. Las intenciones son buenas pero no van muy allá en su realización; por eso se sienten muchas veces víctimas de incomprensión y soledad. Estos sujetos prefieren abandonar y encerrarse en sí mismos en vez de pelear para imponerse. En ocasiones comunican la impresión de ser algo raros y excéntricos, visten con extravagancia y se expresan en términos rebuscados. Muchas veces contrarresta estas tendencias una inclinación secundaria, o tal vez secreta, hacia el azul o el rojo. Caso contrario permanecen recluidos en su nube y su timidez puede llegar a revestir extremos enfermizos.

17. El púrpura

Todo lo que sucede a su alrededor lo subordinan a sus propios esquemas, a veces un tanto egocéntricos. Como no van siempre de acuerdo con la realidad en esto, suelen padecer insatisfacción y reaccionan encerrándose dentro de sí mismos. Ello no será advertido por sus familiares ni por sus colegas, pues disimulan bien la resignación y el desencanto. El temor a ser incomprendidos motiva frecuentes depresiones y estados de abatimiento. Para huir de esta situación se refugian en el trabajo. Son especialmente productivos en el desarrollo de proyectos nuevos, la reorganización de instituciones y la reestructuración de procesos productivos.

El niño que muestra especial preferencia hacia el color púrpura gusta de vivir en un mundo imaginario, y le resulta difícil habituarse a pensar con lógica.

18. El violeta

Estos individuos parecen ensimismados y son capaces de meditar durante horas acerca de un comentario casual o de una observación que haya formulado el interlocutor. Se les juzga algo soñadores, o despistados. Se muestran sociables pero rara vez se comprometen a fondo en sus relaciones; a la hora de la verdad prefieren guardar distancias. Anhelan pasar largos ratos a solas, en silencio o entregados a sus ensoñaciones, y éste es un rasgo muy típico de estos caracteres.

Suelen tener largos diálogos con sus amistades, pero por desgracia puramente imaginarios. En la realidad casi nunca se atreven a pronunciar ninguna de esas frases ingeniosas. En el aislamiento que se imponen a sí mismos sufren repentinos accesos de inquietud. Por lo general sólo consiguen expresarse a través de la actividad artística.

El púrpura, el violeta y el lila, aunque parecidos, son colores distintos que corresponden a distintos caracteres: el egoísta, el reflexivo y el esotérico.

19. El lila

Cuando el que prefiere el lila es un individuo muy joven, manifiesta una gran sensibilidad. Se toman todas las influencias, las impresiones y los acontecimientos muy en serio, cuando no a lo trágico. Pero incluso a los no tan jóvenes suele faltarles la capacidad para tomarse las cosas con calma. Les atraen todas las cosas mágicas y prodigiosas, leen todos los horóscopos, no aceptarían jamás la habitación número 13 en un hotel y los días martes 13 preferirían no salir de casa. Físicamente suelen ser enfermizos; donde otros se constipan ellos agarran unas gripes de guardar cama.

A los niños que prefieren el lila conviene prestarles mucha atención; algo los deprime pero no pueden expresarlo, por lo general. Es recomendable fomentar en ellos las aficiones artísticas como el dibujo o el canto, que pueden ayudarles a librarse de sus temores.

20. El ocre

Los sujetos que prefieren el ocre suelen ser personas sensatas, que ven las cosas con realismo. No serán ellos quienes hagan mucho caso de influjos mágicos ni místicos. Son de naturaleza franca y compasiva, por lo que no desdeñan echar una mano a quien lo necesite. Sólidos y rectos, siempre eligen objetivos que

El ocre y el pardo son colores muy similares. Son los preferidos por las personas de tendencias materialistas, carácter recto y temperamento cordial.

sean realizables, y que rara vez tendrán que ver con ninguna empresa artística ni espiritual. Sus planteamientos suelen ser de tipo materialista: «¿Qué ventajas representa esto para mí? ¿Cuál es el valor de esta cosa?». Tienen la virtud de conservar la cabeza fría en las situaciones difíciles, y como son perseverantes y ambiciosos, logran superar las mayores catástrofes. Pero los conflictos psíquicos les desbordan, tanto los ajenos como los propios. En la vida profesional no suelen alcanzar el número uno, pues si bien poseen sentido práctico y aptitud comercial, no luchan por los primeros puestos, conscientes de sus propias limitaciones. Aunque tampoco permitirán que nadie se sirva de ellos ni los explote.

En cambio, su indefensión ante las intrigas es casi total, porque no captan las intenciones retorcidas y además les desagrada este género de asuntos.

21. El pardo

Los que eligen este color tienen ambos pies sólidamente plantados en el suelo. Nada los altera, excepto si se les toca el honor, la familia o los hijos, pues éstas son cosas que defienden a muerte. Una paciencia sin límites y una perseverancia inagotable son las cualidades de las que se valen para alcanzar sus metas, aunque es fácil que aquéllas pasen desapercibidas al observador ajeno. Pero ellos nunca pierden de vista sus objetivos, aunque tarden decenios en conseguirlos y sea preciso realizar grandes sacrificios para ello. Por eso, si se reconoce usted en esta descripción debe prestar atención al color elegido en segundo lugar, ya que el pardo suele enmascarar las señales emitidas por el color de segunda opción y que también tienen su importancia.

Lo mismo puede ocurrirle en la vida real. Intente distanciarse un poco de sus propios conceptos y atender un poco a lo que piensan o necesitan las personas que le rodean.

22. El pardo oscuro o castaño

Estas personas intentan resolver con la cabeza todos los asuntos de la vida. Los sentimientos, los estados de ánimo, las decisiones viscerales son para ellas como reacciones químicas indeseables. Con su agudeza, su tacto y su sobresaliente sentido de la diplomacia captan en seguida lo que les conviene y lo que les perjudica. Saben conservar lo alcanzado y aun aumentarlo. No comprenden que a veces se les dirijan reproches desde posiciones de fe o de ética, puesto que ellas no hacen daño deliberadamente a nadie, sino que se limitan a tomar lo que juzgan que les corresponde.

Los niños que prefieren el color castaño suelen tener una personalidad muy marcada e ideas precoces acerca de su futuro camino en la vida. Difícilmente sus padres conseguirán hacerles cambiar de opinión; ante cualquier encrucijada quieren decidir por sí mismos por dónde van a continuar.

Puede asegurarse que los que prefieren el color castaño son caracteres sólidamente asentados.

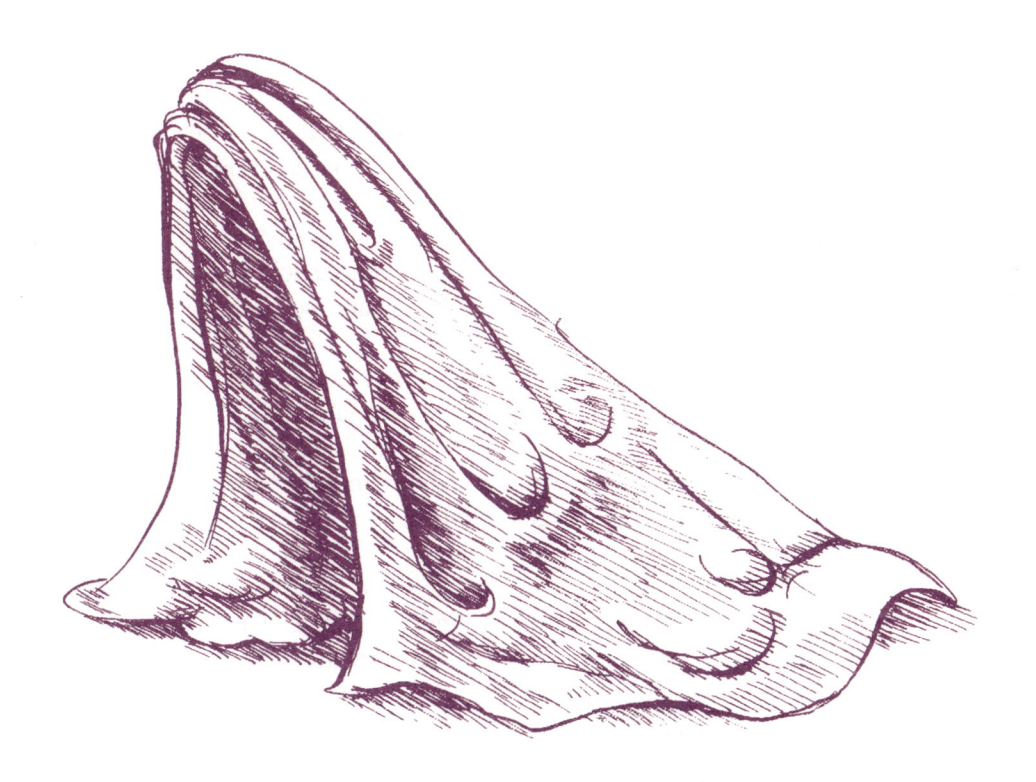

LA VIDA SECRETA DE LOS COLORES

CÓMO ARMONIZAN EL ESPÍRITU, LA EMOTIVIDAD Y EL CUERPO

Es bien fácil comprobar hasta qué punto nos influyen los colores. Sin la presencia de la luz y de los contrastes cromáticos el ser humano cae pronto en la melancolía y la depresión. Las culturas antiguas concedieron gran importancia al estudio del alma humana, y en este aspecto nuestros antepasados nos han aventajado mucho. De ahí que la cromoterapia haya procurado recuperar las enseñanzas de la sabiduría ancestral. En particular, es mucho lo que podemos aprender de la cultura india, especialmente atenta a la armonización de la vida anímica y de los sentimientos con la salud corporal.

Ayurveda, la madre de la medicina

A diferencia de la medicina moderna, basada en los datos de las ciencias naturales y en la utilización de aparatos de tecnología avanzada, de moléculas sintetizadas químicamente, de manipulaciones genéticas y de análisis computarizados, la «terapia ayurvédica» india se nos presenta como una metodología alternativa «blanda».

La sociedad actual se caracteriza por el exceso de elementos patógenos, de factores estresantes, de estímulos que fatigan nuestros sentidos, por ejemplo la superabundancia de colores y movimientos. De ahí que vaya cobrando cada vez más importancia el planteamiento holístico de la salud humana.

Hasta la fecha los historiadores y los médicos no han logrado determinar si Ayurveda, el arte indio de la curación, tiene 2.500 o 5.000 años de antigüedad, pero indiscutiblemente es la escuela más antigua de medicina naturista y sigue practicándose con gran éxito en todo el mundo.

Esta doctrina no estudia el funcionamiento de los órganos corporales por separado sino que considera básicamente al individuo completo incluyendo todas las influencias del medio ambiente que le rodea.

La terapia de Ayurveda ofrece una alternativa a la medicina occidental mecanizada y computarizada.

La salud es el estado natural por antonomasia
Nadie busque en Ayurveda secretos prodigiosos ni profundidades místicas, porque el fundamento no puede ser más sencillo ni más elementales los medios gracias a los cuales todo individuo puede alcanzar el bienestar físico, el equilibrio emocional y la serenidad psíquica, sin necesidad de *gurus* sapientísimos ni de médicos altamente especializados.

En cierto sentido puede decirse que Ayurveda es «la madre de la medicina». En esencia consiste en la utilización de las plantas medicinales

La noción de Ayurveda deriva de las palabras sánscritas *ayur*, vida, y *veda*, saber o ciencia. Jamás se constituyó como doctrina secreta, sino que estuvo siempre a disposición de cualquiera a quien pudiese interesar. Su planteamiento abierto y su contenido ajeno a cualquier género de religiosidad le confieren un carácter flexible, que es precisamente el que hace posible su aceptación en todo el mundo como «madre de la medicina».

Su postulado principal es que la salud constituye el estado natural del organismo, y se define como la armonía del alma, el espíritu, el cuerpo, la conducta y el medio ambiente. Cuando se altera este equilibrio pueden presentarse las enfermedades y las anomalías corporales. Y el restablecimiento del equilibrio alterado se persigue por medio de veinte métodos entre los cuales figuran el masaje con aceites esenciales, las mezclas de especias de diferentes colores, las infusiones, la aromaterapia, la cromoterapia y todo un arsenal de fármacos ayurvédicos.

En cierto sentido puede decirse que Ayurveda es «la madre de la medicina». En esencia consiste en la utilización de las plantas medicinales.

Los cinco elementos esenciales para la vida

Ante todo el ser humano debe conocer la constitución de su propia naturaleza, así como las causas susceptibles de perturbar su equilibrio. Según Ayurveda el organismo y todas sus partes se componen de cinco elementos, o ilusiones elementales (*pancabhutas*), a saber:
- Prithvi = la tierra
- Jala = el agua
- Tejac = el fuego
- Vaju = lo que se mueve, el aire
- Akasa = el espacio

También los nutrientes se componen de estos cinco elementos, de ahí que sirvan para la restauración de las energías del organismo. Cada ser humano es un microcosmos completo, que vive en el macrocosmos o universo. Por eso se hallan en todo ser humano los mismos elementos o *pancabhutas* que también constituyen el universo en general.

Por tanto, el conocimiento de los cinco elementos esenciales nos ayudará a identificar las sustancias, los colores o las vibraciones con arreglo a sus cualidades (por ejemplo denso/pesado, fluido/frío, cálido/ardiente, áspero/activo, claro/espacioso). En el ser humano estas cualidades materiales se hallan en correspondencia con los cinco sentidos, y esta circunstancia le permite establecer un contacto personal con el universo.

Los tres doshas, clave de la interpretación

También derivan de los cinco elementos éter (espacio), aire, fuego, agua y tierra.

- El primero tiene por nombre vata, deriva de los elementos espacio y aire, y representa el principio del movimiento. Es el dosha responsable de la comunicación interior del organismo y de la circulación de todos los fluidos.
- El segundo dosha es pitta, que deriva del fuego. Por consiguiente es el factor del metabolismo, es decir de la digestión y del equilibrio térmico.
- El tercer dosha se llama kapha y representa el agua y la tierra. Es el principio de conservación y de estabilidad, responsable del vigor biológico, de la resistencia física y de la estructura corporal.

Según la doctrina de Ayurveda, estos tres doshas están presentes en todo ser humano, aunque pocas veces aparecen todos con el mismo vigor; por lo general, en cada individuo predominarán uno o dos de ellos.

Por tanto la medicina ayurvédica reconoce un tipo vata, un tipo pitta y un tipo kapha, si bien son más frecuentes las tipologías mixtas; así se dice que una persona es vata-pitta, o pitta-kapha, etcétera.

De lo expuesto resulta que un primer paso necesario consiste en distinguir a qué tipología pertenece uno mismo. Para facilitar este diagnóstico hemos preparado un pequeño test:

La tipología de los tres doshas –vata, pitta y kapha– es la clave para la interpretación de Ayurveda. El objeto de esta medicina consiste en establecer el equilibrio de los tres doshas.

Test para la determinación de su tipo dosha

Cada pregunta ofrece tres opciones. Marque con una cruz la que crea que le describe mejor. A veces la contestación puede resultar algo difícil, por lo cual es aconsejable cumplimentar el test con la ayuda de otra persona, ya que se trata de cuestiones relativas al aspecto externo.

Pregunta	*Respuesta 1*	*Respuesta 2*	*Respuesta 3*
Está usted	demasiado delgado/a	bien, normal	demasiado gordo/a
Es de constitución	menuda	normal	robusta
Y de estatura	alta/baja	media	cuadrada
Tiene los hombros	estrechos	normales	anchos
Y las caderas	estrechas	normales	anchas
Su cabello es	normal	escaso	abundante
Su piel es	seca morena	pecosa rosada	lisa y suave blanca
Su rostro tiene rasgos	irregulares	angulosos	redondeados
El pecho es	plano	normal	redondo
La nariz es	pequeña larga y delgada	mediana puntiaguda	grande ancha
Sus labios son	estrechos	blandos	anchos
Y de color	oscuro	rojo	aterciopelado

Pregunta	Respuesta 1	Respuesta 2	Respuesta 3
Tiene los ojos	pequeños oscuros secos	grandes claros enrojecidos	grandes acuosos húmedos
Sus dientes son	torcidos	medianos	grandes y rectos
Sus dedos son	largos	regulares	anchos
Sus uñas son	quebradizas	blandas	fuertes
Sus pies son	largos y esbeltos	medianos	grandes y anchos
Sus manos y pies son	fríos secos	calientes rosados	frescos húmedos
Sus venas son	visibles	apenas visibles	no visibles
Tiene grasa	en la cintura	distribuida por todas partes	en el trasero y los muslos
Camina	con rapidez	normal	despacio
Es usted	muy activo/a	activo/a	algo torpe
Tiene el sueño	ligero intermitente	reparador breve	pesado largo
Bebe	irregularmente	lo necesario	menos de lo necesario
Come	irregularmente	mucho	con moderación
Suda	raras veces pero no huele	mucho y huele	lo normal con olor agradable
Su memoria es	mediocre	muy buena	buena

Test para la determinación de su tipo dosha

Pregunta	Respuesta 1	Respuesta 2	Respuesta 3
Habla	deprisa	fuerte	con musicalidad
Toma decisiones	de mala gana	pronto	bien meditadas
Gasta	sin tasa	con prudencia	lo mínimo
Su rasgo más saliente es	la timidez el nerviosismo la inseguridad la creatividad	los celos la ambición el egoísmo el sentido práctico	la abnegación la lentitud el aplomo la capacidad para el esfuerzo
Le gusta	viajar el arte el esoterismo	los deportes la política el lujo	la tranquilidad la economía la buena mesa
Aborrece	el frío la sequedad el viento	el calor el sol de mediodía la niebla	el frío la humedad las tormentas

Evaluación del test

■ Es usted un tipo vata si ha contestado a la mayoría de las preguntas con la respuesta 1.

■ Una mayoría de cruces en la columna de la respuesta 2 indica el tipo pitta.

■ Su tipología es kapha si ha contestado a la mayoría de las preguntas con la respuesta 3.

■ Considérese especialmente afortunado si las respuestas se distribuyen por igual en las tres columnas. Usted tiene una personalidad verdaderamente equilibrada.

■ Cuando las respuestas se acumulan en dos de las tres columnas, usted reúne las ventajas y los inconvenientes de los dos biotipos correspondientes.

El tipo vata

En la medicina y la filosofía de la India, vata significa movimiento. Vata controla todo el sistema nervioso, el corazón y la circulación; además es responsable de todos los procesos de excreción. Vata fomenta la actividad de espíritu, la claridad mental y la creatividad.

Los individuos vata son de constitución fina y estatura aventajada. Mantienen una actividad constante y el peor suplicio para ellos son las esperas prolongadas en la inacción. Tienen escasa perseverancia y se entusiasman pronto y con facilidad.

Los sujetos del tipo vata equilibrado están casi siempre de buen humor. Tienen un espíritu despierto y están atentos a todas las novedades. En especial asimilan con verdadera avidez cuanto se publica acerca de nuevas investigaciones y progresos científicos. Sus órganos excretores, es decir la vejiga y los intestinos, funcionan sin complicaciones. Gozan de un sueño reparador y durante la jornada están llenos de energía y deseos de hacer cosas. En estas personas son especialmente eficaces los mecanismos biológicos de defensa.

En la medicina y la filosofía indias vata significa movimiento. Vata controla el sistema nervioso, el corazón y la circulación.

Los individuos de tipo vata perjudicado suelen tener la piel seca y áspera. Son frioleros, tienen pies y manos fríos. Otros inconvenientes habituales son la pérdida de peso a la menor contrariedad psíquica, el insomnio, el carácter timorato e inquieto, la tendencia a angustiarse sin motivo, los estados de abatimiento y debilidad, vértigo, escalofríos, bostezos que indican deficiencia de oxígeno, hipertensión. Estas anomalías se combaten mediante el calor y la humedad, el reposo, la relajación y el sueño. Los colores tranquilos y suaves ayudan a dispersar los temores y angustias sin fundamento. La alimentación más recomendable constará principalmente de platos calientes, sin importar el contenido en grasas, sal o azúcares; lo que importa es comer con fundamento.

El tipo pitta

Para el entendido en medicina ayurvédica pitta significa energía, lo que implica, entre otras cosas, la digestión y el régimen calórico del organismo. No obstante, pitta controla además la inteligencia y la emotividad. El individuo de tipo pitta huye de los climas cálidos siempre que puede, pues no los soporta. Suele tener el rostro caliente y ser propenso a irritaciones cutáneas y a la formación prematura de arrugas, y también de canas. El pitta característico se impacienta con facilidad y tolera mal a las personas muy cachazudas que se expresan con lentitud. Simpatiza más con los individuos de mente ágil y facilidad de palabra; a cambio de estas cualidades les perdonará cualquier defecto que tengan. Los sujetos pitta disfrutan de un apetito excelente y suelen ser aficionados a comer bien; cuando no pueden conseguirlo se indisponen y amargan con facilidad, y empezarán a acusar dolores de cabeza y otras dolencias, aunque no sean, en el fondo, más que glotonería insatisfecha.

El tipo pitta equilibrado presenta un aspecto radiante y un cuerpo flexible; suelen corresponder a esta tipología las y los modelos fotográficos. También se caracterizan por un alto grado de satisfacción vital; cuando las cosas no salen como esperaban no tardan en adaptarse a las nuevas circunstancias. Tienen un equilibrio calórico excelente y una digestión regular. Otros rasgos notables son una intuición muy desarrollada y la ausencia de dudas en cuanto a la propia valía y al acierto de las propias decisiones.

En la configuración desfavorable las personas de este tipo son propensas a la inestabilidad emocional. En cualquier caso las excitaciones emocionales los sacan pronto de sus casillas; ante las contrariedades la piel amarillea o enferma presentando erupciones, acné o herpes, la digestión se altera, sufren trastornos del sueño y transpiran en abundancia.

Estas afecciones pueden evitarse mediante la práctica abundante del ejercicio al aire libre; en especial se les recomiendan las modalidades deportivas que no se desarrollan en pista cubierta, ni implican una rivalidad frente a un contrario, como por ejemplo el *jogging*, el golf (en partidas no competitivas); en verano, la natación, y en invierno la carrera de fondo.

Los enfados les causan úlceras de estómago, y les perjudican mucho las largas exposiciones al sol; por el contrario la permanencia en lugares frescos y sombreados los revitaliza y reconstituye pronto sus fuerzas.

La estación crítica para el individuo de tipo pitta son los últimos meses del verano hasta la entrada del otoño. La insolación puede originar fuertes irritaciones cutáneas e incluso dolorosas inflamaciones; además la rápida disminución de las horas de luz les causa abatimiento y sentimientos de melancolía.

Pitta representa la energía necesaria para la digestión y el régimen calórico del organismo.

La alimentación indicada para este tipo de personas consiste en platos bien condimentados, pero evitando las especias fuertes que desequilibran su temperamento y provocan reacciones cutáneas. Son aficionados a los dulces, a los amargos no demasiado intensos, y prefieren los platos fríos y las ensaladas.

El tipo kapha

Kapha rige la constitución corporal; los individuos de este tipo suelen ser de aspecto macizo y de gran robustez física. Sus defensas naturales se hallan especialmente desarrolladas. Aprecian la comida y por ello suelen tender al exceso de peso, aunque no le atribuyen demasiada importancia, sino que viven conformes y felices con su propio aspecto rotundo, y no envidian en modo alguno, sino que les da risa, la delgadez de las modelos. Gozan de un equilibrio interior excelente y no se alteran con facilidad. Son el polo tranquilo en medio de las situaciones de caos. Pero hay una cosa que difícilmente aprenderán nunca: a ser meticulosos y ordenados. Se lo impide su indiferencia en cuanto a los detalles de la vida cotidiana, que no revisten ninguna importancia para ellos.

Kapha rige la constitución corporal. El tipo kapha es físicamente robusto.

El tipo kapha equilibrado es un modelo de persona en quien se puede confiar; una vez han empeñado su palabra, la cumplirán sin lugar a dudas. Por su tolerancia y su amabilidad sin límites son grandes amigos y receptores de confidencias. Ese individuo siempre tendrá un oído dispuesto para las preocupaciones de sus parientes y amistades. Soporta con paciencia inagotable largas veladas de confesiones íntimas. Aunque luego tal vez meneará la cabeza preguntándose cómo se las arreglan sus interlocutores para crearse tantos problemas, que jamás lo serían para él.

En las configuraciones desfavorables los sujetos kapha son propensos a la depresión y al abatimiento; ante el temor a la derrota reaccionan con actitudes de fatiga y buscan mil pretextos a fin de dejar las cosas de un día para otro, lo cual les suscita remordimientos por no haber cumplido con el plan de actividades de la jornada. Cuando el desequilibrio predomina, la salud padece y las posibles consecuencias son asma, diabetes, exceso de peso, fiebres alérgicas y bronquitis. Para evitar estos inconvenientes se aconseja la frecuentación de la sauna, el ejercicio y, por sorprendente que parezca, no dormir demasiadas horas. Ante todo el individuo kapha desequilibrado debe tratar de centrarse nuevamente en los límites de su personalidad y de sus fuerzas físicas. Ello le permitirá sentir orgullo por haber sido capaz de vencer la cobardía interior, y tal sensación le reconfortará. Además le conviene preguntarse, cuando se sienta a la mesa, si verdaderamente tiene hambre o está cediendo únicamente a la satisfacción de una necesidad oral.

La época más crítica para él es la primavera; los días cada vez más largos, el brillo deslumbrante del sol y los colores tan luminosos le crean una inseguridad, ya que él valora la estabilidad por encima de todo.

La alimentación idónea para el tipo kapha consiste en comidas especiadas y de sabores fuertes. No es de los aficionados a flanes y natillas. Suele comer bastante al azar, aquí unos *peperoni*, allá una pizza bien sazonada, o una pastilla de chocolate amargo. No valora mucho la cocina tradicional. Ni tampoco es la persona idónea para una vida tranquila de funcionario.

El tipo vata-pitta-kapha

El que reúne equilibradamente los tres tipos puede considerarse afortunado; es el caso ideal de temperamento físico y biológico, que armoniza todas las energías naturales. Desconoce prácticamente los altibajos emotivos y goza de excelente resistencia a las afecciones banales como el resfriado, la gripe y la fatiga. Si por acaso enferman, tal circunstancia debe atribuirse a la intervención de un agente externo, como por ejemplo una alimentación errónea, o unos influjos ambientales sumamente adversos. Recupera con facilidad sus energías vitales mediante una dieta equilibrada en la cual figuren muchas legumbres y condimentos de color amarillo.

El hombre que reúne los tres doshas, vata, pitta y kapha, se encuentra en la situación ideal.

¿Por qué conviene que conozcamos nuestro tipo dosha?

El conocimiento de la propia tipología es indispensable para poder aprovechar los efectos positivos de los colores y evitar los influjos negativos. La medicina ayurvédica ha identificado, en efecto, las correspondencias entre los tipos somáticos y los colores, como puede apreciarse en la tabla siguiente:

Los colores y sus efectos

Color	positivo para	negativo para
Rojo	vata, kapha	pitta
Anaranjado	vata, pitta	kapha
Amarillo	vata, kapha	pitta
Verde	kapha	vata, pitta
Azul	pitta	vata, kapha
Violeta	pitta, kapha	vata

Siempre hay que prestar atención prioritariamente a los efectos negativos; pues éstos pueden determinar una alteración del bienestar general no muy importante a primera vista, y tal vez incluso pasará desapercibida. De esta manera se perpetúa el ciclo de la disposición negativa, sin que lleguemos a distinguir nunca sus causas, y por último pueden suscitarse dolencias orgánicas de consideración.

Los conocimientos de Ayurveda pueden ayudar a evitar el estrés cromático

Estas correspondencias de los efectos positivos o negativos pueden revestir una gran trascendencia en la vida cotidiana. Por ejemplo, la psicología moderna de los colores afirma que el suelo revestido de moqueta verde influye favorablemente en el bienestar de las personas que trabajan en esa estancia. Ahora bien, la luz incidente puede originar un reflejo verde que resultará perjudicial para los individuos de tipología vata o pitta. También se aconseja realizar las subdivisiones de las oficinas de gran superficie mediante mamparas o biombos de tonalidad anaranjada lo cual, a su vez, puede originar un malestar permanente en los sujetos kapha. La fatiga que esto produce se confunde a menudo con el estrés profesional, cuando el origen de la anomalía es bien distinto en realidad: un estrés cromático.

Por eso hacemos tanto caso de los principios de la medicina ayurvédica en este libro. Una elección acertada de los colores permitirá conseguir resultados positivos en la mayoría de los casos, pero conviene matizar y prescindir de generalizaciones excesivas. El que personalmente no aprecia ningún efecto positivo, o incluso nota un influjo perjudicial, tiene en Ayurveda la explicación, de manera que volveremos sobre el tema con más detalle en el capítulo siguiente.

Los efectos psíquicos de los colores

Color	acción positiva en caso de	pero el exceso produce
Rojo	desánimo, timidez	hiperactividad
Anaranjado	temor al fracaso	agotamiento nervioso
Amarillo	distracción, fallos de memoria, falta de motivación	irritabilidad, desconfianza
Verde	nerviosismo, agitación, estrés	insatisfacción, envidia
Azul	dificultades de concentración, fatiga, trastornos del sueño	cansancio, falta de motivación
Violeta	mal humor	irrealismo, pérdida de la perspectiva

AYURVEDA Y LA VIRTUD DE LOS COLORES

Cómo concienciarse mediante los colores y sus vibraciones

El organismo humano se mueve en un proceso dinámico, puesto que se halla en un equilibrio abierto, cambiante y en constante interacción con el ambiente que lo rodea. Rige este proceso una instancia controladora y ordenadora que recibe el nombre de «conciencia» en la doctrina ayurvédica. Esto significa que el cuerpo se rehace constantemente a sí mismo con arreglo a una pauta producida por nuestros pensamientos, sentimientos y deseos. Toda modificación corporal tiene sus antecedentes en la conciencia. Pero cuando se trastornan los equilibrios y los flujos de la energía, la curación ha de operarse asimismo, y ante todo, en la conciencia. El hombre moderno se ve en la precisión de recuperar esa conciencia, y le ayudan a conseguirlo las energías de los colores y sus vibraciones.

Todos los colores tienen un significado profundo

En la perspectiva y en los métodos de la holística tienen su puesto fijo la cromoterapia y la gematerapia.

La medicina ayurvédica parte de la convicción de que el organismo y el psiquismo de los humanos dependen de sus pensamientos, sus sueños, su medio ambiente, su alegría o su desgana en el trabajo, su manera de alimentarse, así como de los olores, los colores y los influjos de las piedras preciosas y otros minerales. En esta perspectiva holística los colores tienen un papel destacado, como es natural. Ya que el ser humano vive siempre rodeado de colores, sumergido en ellos, excepto si pierde la vista.

Los siete colores del arco iris, un fenómeno del mundo material, tienen sus correspondencias completas en el microcosmos interior del hombre. Los individuos de todas las culturas se pintaban el cuerpo con colores brillantes cuando querían entrar en contacto con las fuerzas misteriosas de la psique. Y se atribuían a los colores significados profundos que incluso para nosotros, los que vivimos orientados al futuro y entregados a la tecnología, siguen teniendo su importancia. Tienen capacidad para curar el espíritu y, cómo no, también el cuerpo; pero antes será preciso que nos familiaricemos con los efectos de los diferentes colores sobre el cuerpo y el alma.

El rojo, fuego abrasador
El rojo es el color de la vida vivida a tope. El rojo nos comunica energía vital, potencia y vigor físico. Este color, que evoca el fuego, los rubíes y la sangre, pone en marcha las pulsiones elementales del hombre, o tal vez podríamos decir los instintos animales, en la medida en que éstos sobreviven. El rojo simboliza la fuerza, el calor, la libertad de acción, la valentía.

El rojo como estimulante del espíritu combativo y antídoto contra el complejo de inferioridad.

¿Le falta espíritu combativo? ¿Se siente derrotado por la timidez, los sentimientos de inferioridad o las preocupaciones? ¡Adminístrese una dosis de rojo! El rojo es luchador, pero justo. No hay tabúes para el rojo. Es el desafío a la muerte, pero también el calor y el cariño. Es el mejor amigo.

El color rojo es también el del mensaje sincero. Se halla en la gama de las frecuencias bajas de la luz. Desconoce el sensacionalismo, el ensañamiento, la crueldad.

Anaranjado: sensualidad y generosidad
El anaranjado expresa la alegría de vivir ajena a todo género de cálculo, especulación, titubeo o reflexión. Ama los bailes y las músicas, las fiestas fastuosas. Recurra usted al anaranjado si le deprimen las privaciones o los apuros económicos, o le atormentan los temores indefinidos y los dolores no bien localizados.

El pintor francés Delacroix solía expresar en presencia de sus amistades la idea de que el anaranjado era el emblema de la alegría y de la buena fortuna.

El anaranjado se aviene bien con el intelecto y agradece los elogios, pero, ¡atención!, el exceso de anaranjado da resaca; debe administrarse en cantidades pequeñas, bien medidas, para que aporte sus virtudes de alegría y confianza en el porvenir.

El amarillo, color de la sabiduría
Cogito, ergo sum. Pienso, luego existo. El amarillo es el color de la razón, del análisis agudo, del ingenio afilado. La confusión de ideas,

los conceptos nebulosos, la palabrería vana, no prevalecen frente al amarillo. El despiste, la falta de memoria y el torpor mental se curan mediante una inmersión en amarillo, y el intelecto vuelve a funcionar al máximo rendimiento.

Pero también se puede exagerar con el amarillo. El que tiene la lengua demasiado afilada suele incurrir en comentarios capaces de desestabilizar. Una sobredosis de amarillo puede inducir a traiciones y bajas intrigas. Entonces viene a ser como un veneno para el cuerpo; el espíritu normalmente lúcido se dejará engañar por falsos consejeros. Como se sabe, no es oro todo lo que reluce... y hasta el sol tiene sus manchas oscuras.

El amarillo es el color de la razón y de la claridad analítica. El color verde fomenta la actividad onírica y la fantasía.

El verde, renovación perenne

Entre los polos blancos del planeta, entre el Ártico y el Antártico, hallamos el cinturón verde ecuatorial. Es la promesa de perpetuación de la vida. El verde suscita los sueños y da alas a la fantasía. Es la juventud, la esperanza y, también, la generosidad y la naturalidad refrescante. Si necesitamos cuidados y tranquilidad, podemos sosegar el espíritu imaginando un prado verde y luminoso.

Sucede que el verde es algo más que un color; es también un proceso. En la vida nos proporciona tolerancia, en el organismo se encarga de la renovación de las células. Es el color de la clorofila vegetal. El verde se marchita, pero se renueva.

El verde simboliza la esperanza que nunca muere. También para este color rige, sin embargo, la regla de no excederse; la eterna juventud y la plétora de vida suscitan envidias y resentimientos.

Este color exige sentido de la responsabilidad. El verde representa la energía inagotable de la vida, pero recordemos que la nuestra tiene sus límites, naturalmente.

Es, indiscutiblemente, el color del universo, el del macrocosmos y, también, el del microcosmos humano.

El azul o la vibración de la vida

El azul corresponde al color puro y claro del zafiro, es un retazo de la inmensidad celeste. Es la serenidad profunda, el sosiego que proviene de la fe en unos valores que están más allá del mundo material. Es tradición, concentración y estabilidad. Hay azules profundos, saturados, como el del mar antes de una tormenta, y azules alegres, ligeros e invitadores, como el azul del cielo en primavera.

La inmersión en el color azul beneficia a las personas estresadas, agobiadas por las exigencias de la vida cotidiana. La potencia salutífera del agua invadirá las vías energéticas y conocerán el sueño reparador.

Sin embargo, un exceso de azul intenso puede fatigar; el espíritu y el organismo pierden vitalidad y la alegría se derrite como la nieve bajo el sol.

El azul representa la inmensidad del cielo, aporta sosiego, relaja. El índigo es el equilibrio entre lo material y lo espiritual.

El índigo, equilibrio entre los distintos planos

El índigo es el equilibrio entre lo material y lo espiritual. La gama varía entre el brillo mate del lapislázuli y el color aterciopelado del cielo nocturno en verano. Tradicionalmente es el color de los ungidos por la divinidad, motivo por el cual recibía también el nombre de azul real. Su sabiduría tranquila confiere fuerza a las visiones y su claridad espiritual expulsa las fantasías abstrusas. El índigo amplía los horizontes espirituales y comunica al espíritu artístico un poderío casi hipnótico.

Destruye las frustraciones y los complejos, permitiendo el libre flujo de las energías interiores. Por su extraordinaria capacidad regeneradora ejerce potente influencia sobre el sistema nervioso. Disipa el temor al futuro y ayuda a ordenar todas las cosas.

Sin embargo, conviene no demorarse demasiado en la inmersión; el exceso de índigo fomenta el aislamiento y hace odiosa la responsabilidad, perjudicando a la armonía entre las vibraciones de los órganos y del espíritu.

El violeta y el poder de la voluntad

La delicada flor de la violeta, la regia amatista, el núcleo de la llama: el violeta es la vibración más alta de la luz visible. Las más antiguas escrituras religiosas de los indios y de los chinos, así como las interpretaciones de los colores según los aztecas y los mayas, abundan en los efectos maravillosos del color violeta. La sabiduría y el amor, el cielo y la tierra, lo divino y lo humano se aúnan en las vibraciones de este color, que inspira las trascendencias más elevadas. Era el color favorito de Miguel Ángel, quien contemplándolo vivió sus grandes visiones, sus invenciones geniales, su dibujo técnicamente perfecto. La naturaleza íntima del violeta corresponde a la amistad, a la abnegación, al afán de ayudar a los demás. Sin embargo, la espiritualidad del violeta llevada a los extremos puede ser peligrosa. Los deseos y los anhelos se sustituyen a la claridad del raciocinio. La realidad pasa a un segundo plano. Las inspiraciones espirituales conducen al olvido de lo sensible y real.

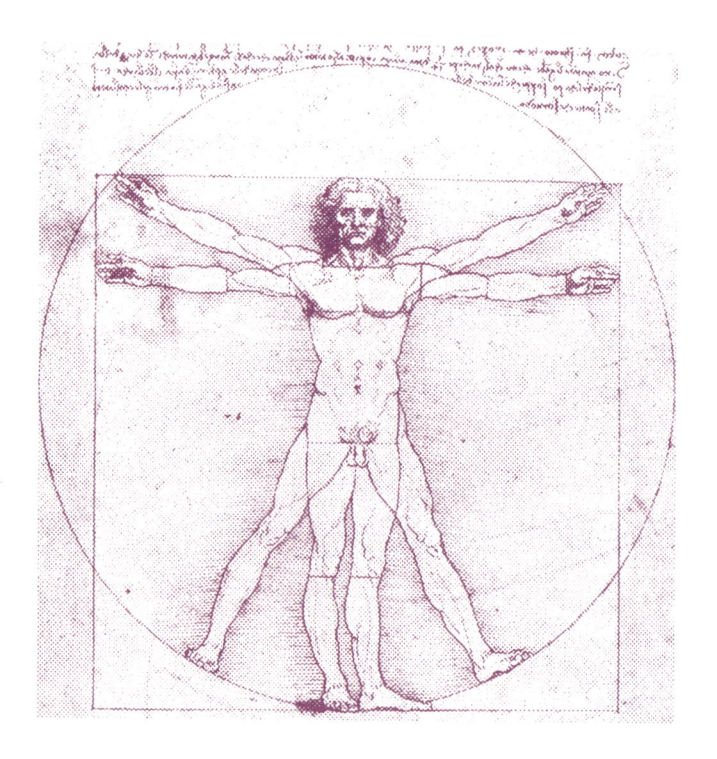

Las energías cromáticas y sus efectos

La medicina holística asigna determinadas cualidades a los distintos colores. Sobre las distintas posibilidades de aplicación terapéutica volveremos luego y también cuando pasemos a desarrollar el tema de las piedras preciosas.

No sólo la luz influye sobre los órganos corporales y el psiquismo, sino también las vibraciones moleculares de los cristales y los diferentes colores de éstos, como veremos en los próximos capítulos. En lo que sigue consideramos la eficacia particular de los colores en sí.

Resumen sobre las cualidades de los colores

Efectos	en el plano físico	en el plano mental	en el plano espiritual
sedación	verde	índigo, verde	azul nocturno
(re)vitalización	anaranjado	índigo, verde esmeralda	oro, rosa
estimulación	rojo cinabrio	amarillo	púrpura
inspiración	rojo	violeta	violeta

Hay que tener en cuenta, no obstante, que cada persona vive los colores de manera diferente, por lo que también se producen diferencias individuales en cuanto a los efectos de los colores sobre el estado físico, y más aún en los planos superiores. Ello inaugura una serie de posibilidades; si nos hemos dado cuenta, por ejemplo, de que el verde ejerce sobre nosotros el mismo efecto que para otros tendría «un trapo rojo», actuaremos sobre los colores de nuestro medio ambiente al objeto de modificar nuestro estado de ánimo en la dirección que mejor nos convenga.

El caso es que los colores no sólo están a nuestro alrededor sino además dentro de nosotros; sólo es cuestión de saber despertarlos adecuadamente.

HACIA LA SALUD POR EL COLOR

Prevención, tratamiento, vigorización

Toda enfermedad equivale a una alteración del equilibrio vibracional que es la normalidad del organismo. Los colores pueden restablecer esa armonía puesto que no son más que las diferentes vibraciones que componen la luz blanca. O dicho de otro modo, los colores motivan al organismo favoreciendo la supresión de las acumulaciones y de los bloqueos, así como la eliminación de las toxinas, al tiempo que se potencian las fuerzas del sistema inmune. Cada color, en cuanto corresponde a una longitud de onda diferente, actúa sobre distintos órganos. En el presente capítulo estudiaremos estos efectos terapéuticos.

La cromoterapia como método paliativo y curativo

Durante muchos años la cromoterapia tuvo un papel marginal con respecto a la medicina convencional, aun contando con investigaciones perfectamente documentadas. Pese a esta situación desfavorable el número de sus partidarios ha aumentado poco a poco en todos los países, pero la verdadera ruptura ha sido obra de las clínicas estadounidenses, en función de una actitud más abierta hacia las terapias alternativas por parte de los profesionales de ese país. Por lo cual no es de extrañar que los resultados más impresionantes se comuniquen a través de las publicaciones norteamericanas.

La naturaleza misma determina la aplicación de los diferentes colores. De tal manera que las enfermedades febriles, es decir las anomalías cuyas señales de alarma son la elevación de la temperatura corporal y el enrojecimiento, precisan colores fríos, sedantes, como el azul, el azul-violeta, el verde azulado, etc.; en cambio los enfriamientos y los problemas de insuficiencia circulatoria que se traducen en la tonalidad azulada de la piel, se combaten con la gama de los colores calientes como el rojo, el amarillo y el anaranjado.

Los investigadores norteamericanos han observado a menudo en los pacientes un «apetito» hacia determinados colores. Los enfermos de tifus, por ejemplo, reclamaban un verde manzana claro, refrescante, motivo por el cual se decoraron las habitaciones con ramas frescas y se rehicieron las camas usando sábanas y fundas con

En Norteamérica la medicina convencional ha acabado por admitir la cromoterapia como sistema válido de tratamiento en vista de sus numerosos éxitos.

motivos vegetales de color verde. Y en efecto, se observaron notables diferencias entre los procesos de curación de los pacientes así tratados y aquellos cuyo apetito cromático no había sido atendido. En la clínica Jack Meyr Memorial de Oregón, la doctora Edda Baldwin atendió a Janna, una niña de nueve años víctima de un accidente durante una barbacoa campestre y que sufría quemaduras en un 75 % de la piel, de manera que difícilmente se habría salvado con un tratamiento convencional. La doctora Baldwin aplicó inmediatamente una irradiación total de color azul, con lo que consiguió aliviar los dolores de la paciente desde la primera sesión. En consecuencia siguieron combinando la cromoterapia con el tratamiento convencional a base de trasplantes de piel, los cuales duraron en total un año y medio. No sólo la curación fue más rápida sino que además las lesiones cicatrizaron mejor y apenas quedó huella visible.

Mark Winker, una washingtoniana de 60 años, padecía un proceso infeccioso febril crónico y corría peligro de quedarse ciega. La dolencia inutilizaba progresivamente tanto los músculos oculares como el nervio óptico. La doctora Baldwin le irradió el rostro utilizando un color verde muy saturado y al cabo de pocas semanas la mujer empezó a recuperar vista; poco tiempo después habían desaparecido totalmente los focos de infección.

Las múltiples aplicaciones de la luz roja

El médico danés Niels Finsen ha tratado mediante luz roja la varicela, el sarampión y otras infecciones cutáneas que suelen dejar antiestéticas cicatrices, obteniendo una reducción más rápida de las pústulas y la recuperación de la textura epidérmica; asimismo corroboró la eficacia de la luz ultravioleta para el tratamiento de la tuberculosis. A este efecto ideó unas lámparas especiales de UVA que luego fueron instaladas en muchos grandes centros médicos.

En cuanto al rojo, está demostrado que su presencia activa el sistema inmune y eleva el contenido de glucosa en sangre, así como la secreción de adrenalina por las glándulas suprarrenales. La hemoglobina absorbe preferentemente la radiación roja, lo cual explica la sensación de calorcillo agradable que ésta produce.

También la velocidad de las reacciones musculares mejora por efecto del rojo. El médico sueco y especialista en cromatología Lars Si-

El tratamiento clásico mediante luz roja demuestra que los colores pueden acelerar los procesos de curación.

vik ha determinado que las reacciones motoras se aceleran en promedio un 12 % bajo condiciones de irradiación con luz roja, comparadas con una iluminación normal.

El médico germano-estadounidense Kurt Goldstein ha demostrado que la fuerza muscular, medida por medio del esfigmomanómetro, es máxima bajo luz roja y va disminuyendo desde el anaranjado hasta el azul siguiendo la misma progresión del arco iris.

El umbral de percepción del ojo humano es del orden de una centésima de segundo (0,01 s); si se nos presentase un objeto durante menos tiempo no podríamos percibirlo. La percepción de una luz roja requiere por lo menos 0,02 s y la luz azul 0,06 s. Es decir que se necesita el triple de tiempo para ver una luz azul, en comparación con la roja, lo cual explica la utilización generalizada del rojo para las señales de peligro y su eficacia para llamadas de atención. En un sentido análogo lo utiliza asimismo la publicidad.

El verde, color tonificante, tranquilizante y sedante

En el lenguaje de los símbolos el verde es el color de la esperanza. El verde aporta armonía y equilibrio, y ejerce efectos tranquilizantes sobre el sistema nervioso. Existe una correlación demostrada entre el oído humano y la capacidad de percepción visual del verde. La escala de los sonidos audibles abarca, en promedio y aproximadamente, desde los 16 ciclos hasta los 16.000 ciclos por segundo, o hertz, que es el nombre que recibe la unidad física de frecuencia. La capacidad auditiva decae con la edad, de manera que los jóvenes pueden captar sonidos de frecuencia superior a los 16.000 hertz, es decir muy agudos. La gama audible normal, pues, cubre unas diez u once octavas, pero la gama de máxima sensibilidad acústica es la comprendida entre 1.000 y 2.000 hertz. Es la que corresponde a las voces humanas y dentro de este intervalo es máxima nuestra capacidad para diferenciar los sonidos y captar la información que contienen.

El sentido de la vista tiene también una gama de sensibilidad máxima, y es la centrada alrededor del color amarillo. Incluso los no especialistas llegan a distinguir sin dificultad hasta cuarenta matices de amarillo, o más; en cambio, cuando se les presentan muestras de distintos verdes empiezan a tener problemas para diferenciar más de dos o tres tonos. De ahí la correspondencia entre el verde y

Del verde suele decirse que es el color de la esperanza. Aporta armonía y equilibrio. A todos nos agrada el verde de la naturaleza.

una zona acústica también muy deficiente en cuanto a la percepción y a la discriminación de los sonidos, lo cual determina incluso algunas dificultades para orientarse: se ha demostrado que el oído de los no músicos salta directamente de los 2.000 a los 4.000 hertz, más o menos como la vista casi nos niega la diferenciación de los distintos tonos de verde.

El profesor Lipmann Halpern, de la Hadassah Medical School (Hebrew University) de Jerusalén, ha ensayado los efectos del color verde sobre diversas dolencias nerviosas, en especial los trastornos unilaterales del sentido del equilibrio. Los síntomas principales son la incapacidad para ver correctamente las superficies verticales y horizontales, la propensión a caer hacia un lado, a andar desviándose lateralmente o torcer la cabeza y extender el brazo y la pierna hacia ese lado.

El verde es remedio eficaz frente a una serie de dolencias nerviosas.

Al colocarles cristales verdes a los pacientes se obtuvo un efecto notable; irguieron el cuerpo y la cabeza adoptando una postura correcta en la silla. Y después de un tratamiento asiduo a base de sesiones diarias fue posible colocarles un verde cada vez más tenue hasta que la mayoría de los pacientes pudieron prescindir de los cristales coloreados.

La irradiación de color se utiliza en la cromoterapia moderna sobre todo para el tratamiento de las afecciones nerviosas, las inflamaciones articulares (como el «codo del tenista») y los catarros bronquiales.

La luz azul tranquiliza y salva vidas

El azul es el color más oscuro del prisma. El azul oscuro tranquiliza y ayuda a remediar las afecciones nerviosas, el insomnio y los estados de angustia. El rojo y el azul son polos opuestos por lo que se refiere a las reacciones somáticas. En presencia del azul los centros ópticos del cerebro permanecen relativamente pasivos, el parpadeo se hace más lento, se activa el parasimpático (una parte del sistema nervioso vegetativo), aumenta la secreción de cortisona por parte de las glándulas suprarrenales y disminuye la de adrenalina; el pulso y la tensión bajan, aumenta la absorción de oxígeno por todos los tejidos corporales y disminuye, en líneas generales, la actividad hormonal. Mediante la luz azul se combaten también diferentes tipos de crecimientos desordenados como el bocio y las verrugas.

En todo el mundo se utiliza actualmente la luz azul para evitar una complicación mortal, la temible ictericia de los recién nacidos, que se presenta más a menudo en los prematuros durante la permanencia en la incubadora. La vida de estos diminutos seres peligra porque su hígado inmaduro todavía no es capaz de filtrar las toxinas de la sangre. Se produce la acumulación de un tóxico, la bilirrubina, que es un metabolito de la hemoglobina y normalmente se elimina con la excreción urinaria después de una serie de transformaciones químicas que se realizan en el hígado.

En otros tiempos la única posibilidad de salvar a la criatura consistía en la transfusión total de sangre, procedimiento no poco traumático y de alto riesgo para el bebé. Hoy se prefiere la irradiación total con luz de color azul oscuro; la ictericia suele desaparecer en cuestión de escasos días. La luz azul atraviesa la piel todavía muy delicada, penetra en los órganos, en el cerebro y en los vasos sanguíneos, y consigue descomponer la peligrosa toxina. En el berlinés hospital de La Charité también se trata con luz azul la neurodermitis, habiéndose obtenido apreciables éxitos.

El azul tranquiliza y por eso se emplea para combatir las afecciones nerviosas. También en el tratamiento de la temida ictericia neonatal se utiliza con éxito la luz azul.

Luz ultravioleta contra el raquitismo y las caries

En tiempos lo llamaban «el mal inglés». En efecto, el raquitismo era especialmente frecuente en los sombríos suburbios industriales del siglo XIX, y afectaba especialmente a los niños, que contraían una deformación permanente del esqueleto. También hacía estragos en los camaranchones lóbregos de las viviendas de los mineros esta afección debida al déficit de vitamina D; durante los largos meses de invierno, a los niños apenas les daba el sol.

En ausencia de la irradiación ultravioleta el organismo no puede sintetizar la vitamina D, a su vez indispensable para fijar el calcio de la circulación sanguínea. Esta vitamina guarda relación, por tanto, con la salud de los huesos y el estado de la dentadura. Un estudio comparativo realizado con escolares norteamericanos ha revelado una incidencia de caries significativamente menor en los que estuvieron sometidos a la irradiación de luz UV.

La psoriasis, una dermatosis en placas que se califica de benigna, supone no obstante algunos riesgos para la salud y sobre todo un sufrimiento psicológico cierto para los pacientes, que se sienten afeados por la dolencia y temen el ostracismo social. Pues bien, esta afección remite casi con total seguridad mediante el tratamiento por irradiación con luz ultravioleta; incluso se comercializan lámparas de UVA para uso doméstico (consulte a su médico y lea con atención el manual de instrucciones de manejo).

Entre los mineros rusos que permanecían largas temporadas en las galerías sin salir a la luz del sol se registraba una mayor incidencia de depresiones, predisposición al contagio tuberculoso y nistagmo, un espectacular movimiento espasmódico de los ojos debido a contracciones involuntarias de la musculatura ocular. Para la prevención de estas enfermedades profesionales se impuso obligatoriamente a los trabajadores turnos de irradiación con luz UVA.

Se sabe que ésta fortalece además los pulmones, por lo que se utiliza a veces como iluminación auxiliar en las aulas escolares a fin de prevenir avitaminosis y propensión a los resfriados.

No obstante la irradiación ultravioleta intensa tiene sus peligros. Las sobredosis pueden ser cancerígenas y de ahí la preocupación de los científicos de todo el mundo por el «agujero del ozono» que afecta a la atmósfera terrestre. En efecto, la disminución o pérdida de la capa de ozono produce un aumento de la radiación de ultravioleta que alcanza la superficie terrestre. Recordemos que se trata de vibraciones

La luz ultravioleta se utiliza para combatir el raquitismo y las caries. La irradiación UV fomenta la formación de la vitamina D en el organismo, esencial para la fijación del calcio.

de alta energía, a tal punto que los hospitales, los laboratorios, las cantinas colectivas y los industriales de la alimentación utilizan los UVA para desinfectar; la potencia de la radiación mata los gérmenes.

La luz espectral blanca disipa las murrias invernales

Durante los días invernales, cortos, oscuros y tristes, la glándula timo segrega un exceso de la hormona llamada melatonina, la cual produce un estado de ánimo apático y depresivo en algunas personas. En cambio la secreción del cortisol, elemento activo de la circulación sanguínea que controla el período de vigilia, está condicionada a una insolación suficiente. Basándose en estas ideas, algunos investigadores han intentado combatir la depresión invernal mediante dosis elevadas de luz blanca para estimular la secreción de cortisol a fin de aumentar su presencia en el cerebro de los pacientes.

Para este fin se necesita una estancia con iluminación muy intensa y uniforme y una permanencia diaria de dos horas al día durante diez días como mínimo para aliviar al depresivo; luego se le va reduciendo poco a poco la exposición diaria.

El rosa alegra y el azul fatiga

Incluso un preparado ficticio, totalmente exento de actividad fisiológica, puede curar... si se elige para la presentación un color adecuado. Los médicos de una clínica ginecológica de Lucerna sintieron que se tambaleaba su fe en la farmacología cuando contemplaron los resultados de una prueba comparativa realizada con un nuevo analgésico y anticonvulsivo. Las mujeres a quienes se administraron los supositorios verdaderos experimentaron un alivio en un 44 % de los casos; en cambio un 75 % de las mujeres del grupo de control, que recibieron supositorios parecidos pero compuestos exclusivamente de manteca de cacao, corroboraron una disminución de los dolores: ¿cómo era posible?

Se conoce desde hace tiempo el fenómeno de las mejorías e incluso curaciones espectaculares de dolencias, incluso graves, obtenidas mediante fármacos ficticios. La prestigiosa *Münchner Medizinische Wochenschrift* publicaba que uno de cada dos pacientes de fiebre del heno, tos, dolor de cabeza y estados de tensión o de angustia se aliviaban con la ingesta de un preparado perfectamente inocuo. Es-

Los medicamentos ficticios, los llamados placebos, resultan más eficaces cuando se «tiñen» del color más acertado.

tos «fármacos» reciben el nombre de placebos y los médicos llaman a este fenómeno el «efecto placebo» (*placebo* es una palabra latina que significa «yo gustaré»).

Para su presentación y su sabor se procura el parecido con los fármacos verdaderos, y es habitual su administración en los ensayos de medicamentos nuevos con objeto de diferenciar entre la actividad verdadera de la nueva molécula y los efectos psicológicos de sugestión determinados por el mero hecho de que se le recete a uno un supuesto preparado nuevo y prometedor.

Aunque en estas pruebas el efecto placebo se da por descontado, muchas veces sorprende el elevado índice de mejorías que se registra entre los pacientes que han tomado el preparado garantizadamente inocuo e inactivo. Esto ocurre con especial frecuencia en la gama de las especialidades sedantes o somníferas; en un 49 % de los casos resulta eficaz el placebo administrado en forma de tableta, pero el índice se eleva al 71 % si se presenta como jarabe somnífero y hasta un 81 % cuando se toman en forma de cápsulas de brillantes colores.

El color de las pastillas es relevante para su efecto, lo mismo en los niños que en los adultos.

La elección del color influye de manera significativa en estos resultados. Los ensayos han demostrado con claridad que el rojo es más eficaz para los niños que el gris, por ejemplo. En los estados de angustia el verde proporciona mejores resultados que el rojo o el amarillo; los depresivos prefieren el amarillo al rojo o al verde. El azul permite obtener los mejores efectos somníferos. Por último, el rosa es un estimulante superior a todos los demás colores como tal.

Otra sorpresa es que la nacionalidad influye sobre la recepción de los placebos. Por ejemplo, en el lanzamiento mundial de la cimetidina, un nuevo fármaco para el tratamiento de las úlceras gástricas y gastroduodenales, se obtuvieron estos interesantes resultados: mientras en Escocia curaron un 25 % de los ulcerosos que tomaron un placebo durante cuatro semanas, entre los ingleses dicha proporción alcanzó el 29 %, entre los franceses un 37 %, entre los norteamericanos un 47 % y entre los alemanes incluso un 58 %.

La irradiación cromática como tratamiento de apoyo o con finalidad preventiva

Se utilizan proyectores de color con lámpara de incandescencia (reflectora, potencia mínima 60 watt), o lámparas de incandescencia normales (mínimo 75 watt) en combinación con filtros de color (de los utilizados en fotografía). Salvo indicación en contra, el tiempo de exposición mínimo es de 20 minutos por sesión para dos sesiones diarias, o 10 minutos para tres sesiones. Cuando se indique la irradiación integral, es decir de cuerpo entero, se dividirá el tiempo especificado para cada sesión en dos mitades (pecho y espalda).

En los casos de	Color	Especificaciones
Anorexia (falta de apetito)	Anaranjado	Cabeza, mañana y tarde
Aparato motor, afecciones del	Rojo	Integral, 3 veces al día
Asma	Violeta	Torso, de espalda, 3 veces diarias a cada lado
Barros, impurezas de la piel	Anaranjado	En zonas afectadas, 3 veces al día
Bronquiales, afecciones	Violeta	Torso, de espalda, 3 veces diarias a cada lado
Caries	Ultravioleta	Integral, mañana y tarde
Cefalalgia, dolor de cabeza	Azul	Rostro y nuca; en los casos agudos sesiones frecuentes y prolongadas; como preventivo: mañana y tarde
Ciática	Azul	Desde el vientre hasta, la rodilla, mañana y tarde
Cicatrices, tratamiento de las	Azul	En las zonas afectadas, 2 veces al día
Concentración, pérdida de	Rojo	Rostro y pecho, 30 minutos por las mañanas
Corazón, afecciones del	Azul	Rostro y tórax, 3 veces al día
Depresiones	Anaranjado	Rostro y torso, mañana y tarde
Desintoxicación en general	Azul oscuro	Integral, 3 veces al día durante 20 minutos
Dolor de vientre	Azul	Vientre, 3 veces al día
Dolores en general	Verde	En las zonas afectadas, 3 veces al día

En los casos de	Color	Especificaciones
Eliminación de toxinas	Amarillo	Integral, mañana y tarde
Equilibrio, trastornos del	Verde	Integral, mañana y tarde
Escalofríos	Rojo	Integral, por la tarde mínimo 30 minutos
Espalda, dolores de	Azul	Espalda, mañana y tarde 30 minutos cada vez
Estómago,	Azul	Desde el pecho hasta el vientre, 2 veces al día
Fiebre	Azul	Integral, 3 veces al día mínimo 20 minutos cada vez
Fobias	Azul oscuro	Integral, mañana y tarde
Hernias discales	Azul	Espalda, 3 veces al día mínimo 20 minutos cada vez
Hipertensión	Azul	Integral, 3 veces al día
Hipoglucemia	Rojo	Integral, mañana y tarde
Hipotensión	Rojo	Integral, 3 veces al día
Impotencia	Azul	Cabeza y tórax, mañana y tarde
Infecciones recidivantes	Ultravioleta	Integral, mañana y tarde mínimo 10 minutos pecho y otros tantos de espalda
Inflamación articular	Azul	En regiones afectadas, 3 veces al día mínimo 20 minutos cada vez
Inflamaciones en general	Azul	En regiones afectadas, 3 veces al día mínimo 20 minutos cada vez

En los casos de	Color	Especificaciones
Insomnio	Azul oscuro	Integral, mañana y tarde, 15 minutos cada vez
Insuficiencia cardíaca	Rojo	Integral, mañana y tarde
Intemperies, hipersensibilidad a las	Verde	Integral, mañana y tarde
Irrigación sanguínea, deficiencias de	Rojo	Integral, mañana y tarde
Meteorismo (gases)	Anaranjado	Vientre, mañana y tarde
Muscular, debilidad	Rojo	Integral, 2 veces al día
Nervios, afecciones de los	Verde	Integral, mañana y tarde
Neurodermitis	Azul oscuro	Integral, 3 veces al día mínimo 20 minutos cada vez
Nuca, dolor en la	Azul	Cuello y nuca, 10 minutos por las mañanas, mínimo 30 minutos por las tardes
Oído, pérdida de	Verde	Mañana y tarde, 10 minutos en cada oído
Oídos, dolor de	Azul	Mañana y tarde, 10 minutos en cada oído
Ojos, afecciones de los	Verde	Rostro y nuca, 3 veces al día
Pereza intestinal	Amarillo	Vientre, mañana y tarde
Peso, exceso de	Azul	Integral, mañana y tarde
Piel hipersensible	Azul	Integral o regiones afectadas, 2 veces al día

En los casos de	Color	Especificaciones
Piel grasa	Violeta	Regiones afectadas, 3 veces al día mínimo 20 minutos cada vez
Piel seca	Rojo	Integral o regiones afectadas, 2 veces al día
Psoriasis	Ultravioleta	Integral, mañana y tarde
Raquitismo	Ultravioleta	Integral, mañana y tarde
Resfriados	Rojo-anaranjado	Torso y cabeza, 3 veces al día
Reumatismo	Azul	Regiones afectadas, o cada costado 15 minutos mínimo 2 veces al día
Riñones, afecciones de los	Anaranjado	Espalda, región lumbar, mañana y tarde
Sarampión	Rojo	Integral, 3 veces al día mínimo 20 minutos cada vez
Taquicardia	Azul oscuro	Integral, mañana y tarde
Temor a los exámenes	Anaranjado	Rostro y torso, 20 minutos por las mañanas
Tos	Amarillo	Pecho y espalda, 2 veces al día
Varicela	Rojo	Integral, 3 veces al día mínimo 20 minutos cada vez
Vejiga, afecciones de la	Anaranjado	Espalda, región lumbar, 3 veces al día mínimo 20 minutos cada vez
Venas varicosas	Azul	Abdomen, mañana y tarde
Vitaminas, deficiencias de	Ultravioleta	Integral, mañana y tarde

HACIA EL AUTOMEJORAMIENTO POR LAS APLICACIONES DEL COLOR

La vía sutil hacia la armonía y la belleza

Todos los organismos reaccionan de manera similar a determinadas longitudes de onda de la luz. Aunque su color favorito sea el azul, una irradiación de luz verde le pondrá de buen humor, y una exposición a la luz roja tonificará su actividad cardíaca. La piel no es sólo envoltura corporal pasiva, sino antena receptora de las vibraciones que nos rodean. En ella hay regiones y puntos de especial sensibilidad para determinados impulsos, lo cual fue conocido por las medicinas tradicionales india, persa y griega, y también por los sabios chinos.

Acupuntura más virtud de los colores

De acuerdo con esta escuela ancestral, todo ser humano posee una energía vital llamada *chi*. Esta energía, compuesta por los elementos *yin* y *yang*, circula por todo el cuerpo a través de ciertos canales, los llamados meridianos. Y este sistema circulatorio debe hallarse despejado; de lo contrario, es decir en presencia de obstrucciones, se producen bloqueos, lo cual significa anomalías en el organismo. Para que las células, los tejidos y los órganos puedan desarrollar sus funciones vitales, las energías necesarias deben poder penetrar en las regiones correspondientes del cuerpo.

Ahora bien, cuando se ha alterado el equilibrio entre el yin y el yang también falla la armonía de las funciones biológicas. Es ahí donde interviene el médico chino con el arte de la acupuntura, que consiste en utilizar esos canales para suministrar dosis de energía en los puntos convenientes.

La cromo-acupuntura es un tratamiento que actúa directamente sobre el sistema energético humano, es decir que ataca las enfermedades en el plano causal más sutil y sensible. Se practica la irradiación cromática sobre los puntos clásicos de acupuntura, y su eficacia se

Los bloqueos de la energía en el organismo pueden suscitar efectos perjudiciales. La acupuntura ayuda a eliminarlos.

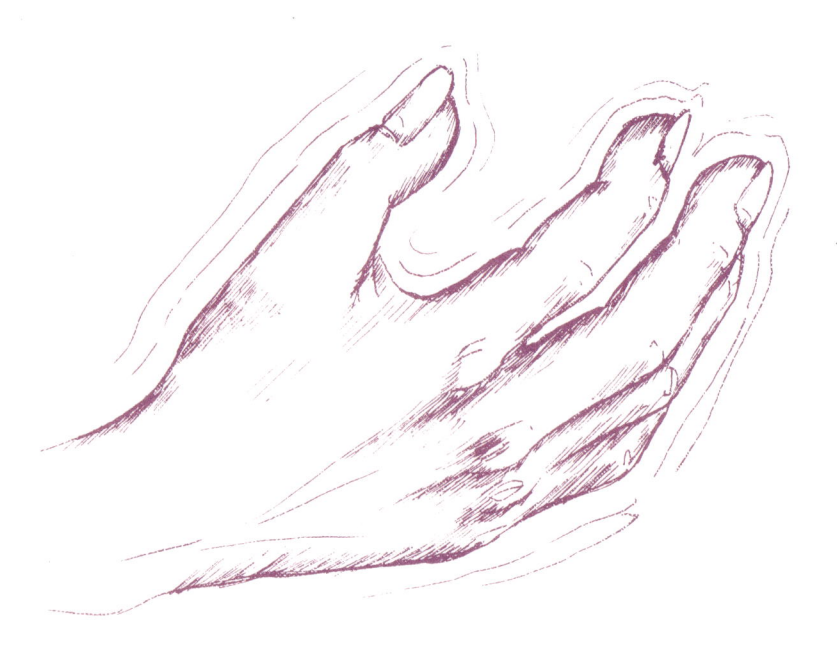

explica porque los colores y la luz no son otra cosa sino energía. La única diferencia con respecto a la acupuntura clásica es que no utiliza agujas, sino que apunta con haces de luz coloreada, y recordemos que cada color tiene una longitud de onda diferente y, por tanto, distintos efectos.

Siguiendo con la explicación, conviene saber que el hombre no está formado únicamente de materia; sin salirnos del plano físico podríamos compararlo con un cuerpo energético. Y así como el sol, que es otro cuerpo energético, irradia luz, el organismo humano también tiene una irradiación, que es el aura. Esta aura es una expresión del estado psíquico, mental y corporal. Incluso puede visualizarse gracias a la técnica de la fotografía Kirlian, así llamada por el científico ruso Semión Kirlian, quien durante los años treinta inventó el procedimiento para captar las radiaciones bioenergéticas fotografiándolas en el seno de un campo electromagnético de alta frecuencia. El procedimiento aplicado a los enfermos permitió descubrir que el papel fotográfico registra incluso los más leves atisbos de alteración energética, susceptibles de dar lugar a una futura anomalía o dolencia. De esta manera se explicita el circuito disfuncional de la enfermedad, lo cual contribuye al diagnóstico de sus causas.

Ahí es donde interviene la acupuntura cromática: en las causas de las enfermedades. La irradiación con luz coloreada permite restablecer el equilibrio de las energías con lo cual desaparece el trastorno. Y los medios no pueden ser más sencillos, aprovechando la circunstancia de que las vibraciones de la luz coloreada son las más parecidas a las que componen el cuerpo energético humano.

Tiene la cromopuntura otro aspecto positivo, cuya importancia salta a la vista: no hay contraindicaciones, no quedan residuos tóxicos que luego el organismo deba ir eliminando penosamente, como sucede con la mayoría de las farmacoterapias, no hay efectos secundarios perjudiciales.

En efecto, la acupuntura con luz coloreada no tiene nada que ver con los temidos rayos X; en la eventualidad de que alguien iniciase un tratamiento con un color equivocado, o prolongase en demasía las exposiciones, sólo se registraría un aumento pasajero del desequilibrio observado.

Para su práctica se posiciona directamente sobre el meridiano una especie de punta de sonda. Es un tratamiento ideal para la eliminación de pequeñas arrugas de la piel, y también se aconseja para los casos de herpes y fiebre del heno.

Luz contra las arrugas, el acné y la celulitis

En los modernos gabinetes de cosmética saben elegir el color más idóneo para lápiz de labios y fondo de cutis, naturalmente. Pero también los colores de la luz tienen su lugar en las aplicaciones de belleza: para todos los tipos de piel, para combatir el acné, la celulitis y el envejecimiento prematuro. La luz coloreada tonifica el tejido conjuntivo y excita la producción de colágeno. Una vez más, la explicación es sencilla: para renovarse, todas las células necesitan un tipo de pigmentos llamados citocromos; la exposición excesiva a los rayos ultravioleta y a los contaminantes ambientales destruye rápidamente dichos citocromos, y ahí es donde interviene la acción correctora del tratamiento.

Las modernas técnicas permiten obtener luz coloreada de extraordinaria pureza cromática, y concentrarla sobre una región determinada de la piel con precisión antaño insospechada. Los efectos vienen a ser parecidos a los de la música: puede infundirle a uno tristeza y melancolía, pero también estimular y alegrar al máximo.

La cosmética también utiliza la luz y los colores para combatir las arrugas, el acné y la celulitis, en tratamientos de belleza que contrarrestan los efectos de la contaminación.

Los efectos más portentosos de la irradiación con luz concentrada, sin embargo, se consiguen en el tratamiento de la piel, a la que rejuvenecen y refrescan. El cutis cobra un color más vivo y saludable, la caída del cabello se detiene y las uñas se vigorizan.

Así funciona la cromoterapia de belleza

Chakra *es una palabra del sánscrito. En este antiguo idioma de la India significa «círculo» o «rueda». Llamamos chakras a los centros de la energía en nuestro organismo.*

La intensidad de cada color y las mezclas se regulan por medio de un controlador computarizado. La terapeuta especializada comprueba los resultados en la cámara oscura, los compara con sus cartas de color normalizadas y, si todo está en orden, ya se puede proceder al tratamiento.

Aparte de los grandes aparatos de irradiación para los gabinetes profesionales existen, no obstante, otros más pequeños para uso doméstico y que también consiguen dar colores puros. La luz coloreada penetra en las células a través de los poros de la piel, pero el efecto se extiende también a los órganos internos, si así conviene, como el hígado o los riñones, por ejemplo.

Además de irradiar los diferentes órganos es muy importante asimismo el tratamiento correcto de los chakras. Esta palabra sánscrita significa círculo o rueda, y alude a los centros energéticos que tiene nuestro cuerpo, todos ellos vinculados con el control de la actividad hormonal y con la del sistema nervioso.

De ahí que tratemos los chakras con luz de colores para obtener efectos curativos y revitalizantes.

Cómo se tratan la piel seca y las arrugas

En primer lugar se irradia directamente la región de la piel con luz anaranjada. Seguidamente hacemos lo mismo con el chakra del bazo (unos cuatro centímetros por debajo del ombligo), empleando también luz anaranjada de gran pureza. Cada exposición se efectuará dos veces al día, durante diez minutos como mínimo en cada caso.

Casi todos los gabinetes terapéuticos inician la sesión con una breve exposición a la luz verde, que relaja no sólo la piel sino también el espíritu. El violeta prepara a continuación la piel para otros tratamientos ulteriores, y además activa la circulación linfática. La medicina ayurvédica recomienda el empleo auxiliar de aceites aromáticos y perfumados. La luz amarilla y la violeta facilitan, por otra parte, la eliminación de toxinas.

Salud a domicilio

Una sencilla lámpara basta para auxiliar los procesos de curación de numerosas funciones corporales, en el supuesto de que hayan resultado alteradas. Para fabricarse su propia lámpara de irradiación basta un «flexo» corriente de sobremesa o cualquier otro modelo que permita orientar la luz en todas las direcciones. La pantalla debe ser opaca pues se trata de conseguir que la luz coloreada salga únicamente por la abertura inferior.

Recortaremos seis discos de cartón adaptados al círculo inferior de la pantalla, y que van a servir como soportes de los filtros de color. En el centro de ellos recortaremos un cuadrado, y sobre éste se pegarán las películas transparentes de color, que pueden adquirirse en cualquier papelería bien surtida. Los portafiltros se fijarán con tiras de cinta adhesiva sobre la pantalla, y ya tiene usted un aparato para irradiaciones, con la posibilidad de cambiar los filtros de color según convenga. Se debe prestar atención, sin embargo, a que no se recaliente demasiado la lámpara, teniendo en cuenta que hemos cubierto la abertura de la pantalla; por esta razón nos abstendremos de utilizar bombillas halógenas ni cualesquiera otras que disipen demasiado calor.

Podemos construir nosotros mismos un aparato para irradiaciones, pero evitando las lámparas halógenas y todas las que emitan mucho calor, por razones de seguridad.

Gafas coloreadas contra el estrés

Las gafas con cristales coloreados, ese accesorio de la moda, pueden convertirse en un útil medio auxiliar terapéutico. Pocos procedimientos hay tan sencillos para llevar a la práctica lo que se sabe acerca de la potencia terapéutica de los colores. Son una manera cómoda de «poner color en su vida», tanto en el sentido literal como en el figurado. En este caso se trata de una montura de cristales recambiables que, además del filtro marrón o protector antisolar habitual lleva sendos juegos de cristales rojos, azules, amarillos, anaranjados, verdes y violetas.

Se monta la pareja de cristales según indicación. Al cabo de unos diez minutos la vista se habrá habituado a la nueva tonalidad y se habrá restablecido el equilibrio vibracional. De esta manera se alivian e incluso curan algunas anomalías psíquicas como los estados de angustia y depresión.

Las pruebas efectuadas con este género de gafas han demostrado que su uso habitual produce una inversión de polaridades y permite alcanzar una mejor calidad de vida.

Contemplar a través de los cristales coloreados el mundo que nos rodea, dos veces al día durante veinte minutos como máximo cada vez, suele ser suficiente para aportar el equilibrio psíquico deseado. Al cabo de pocos minutos se nota la transformación interior, que según el tipo de cristal utilizado irá en el sentido de estimular o tranquilizar, sosegar o inspirar. Así es tal fácil concentrarse y despejarse como relajarse y prepararse para el sueño.

Efectos y aplicaciones de las gafas coloreadas

En la realidad no es posible contemplar siempre el mundo a través de unas gafas de color de rosa. Pero sí podemos hacerlo con los colores rojo, verde, azul, anaranjado, amarillo o violeta, y experimentar sus diversos efectos.

El rojo es el color más cálido y también el más potente. En cualquier caso su efecto es excitante; representa la voluntad de acción, la actividad. Lo cual es cierto, también, para los aspectos negativos; el amor puede degenerar en odio, la actividad en destructividad, la simpatía en antipatía.

Correctamente utilizado, el rojo favorece la circulación e inspira locuacidad y alegría. Incita a la actividad sexual y a la práctica deportiva, ayuda a vencer la pereza.

El verde, intermedio entre el amarillo (cálido) y el azul (frío), es el color más frecuente en la naturaleza, el centro de la gama del iris, de ahí que se le atribuya un valor neutro. No es un actor sino un mediador. Veinte minutos contemplando el mundo a través de cristales teñidos de verde le comunicarán sosiego, descanso y relajación.

El azul es el color frío por excelencia, el símbolo de lo infinito y lo lejano. Adormece y estimula los sueños tranquilos, libres de pesadillas. En el terreno erótico la contemplación a través de cristales azules favorece el deseo y combate la inapetencia sexual. En los casos de frigidez o impotencia se recomiendan dos sesiones diarias de meditación durante veinte minutos: una inmersión en sueños azules, como si dijéramos.

El anaranjado en tanto que color intermedio entre el rojo y el amarillo comunica alegría y optimismo. Se aconsejan especialmente las gafas de color anaranjado a las personas desnutridas por la pérdida de apetito o por la verdadera anorexia.

El amarillo es el más claro de todos los colores. Anima y desentristece, eliminando las pesadumbres y las preocupaciones. Contemplar lo que nos rodea a través de cristales amarillos es aconsejable en caso de anomalías del sistema linfático o glandular.

El violeta es el color de los dioses; intermedio entre el azul (frío) y el rojo (cálido), tiene una actividad que casi podríamos calificar de hipnótica, mediante la cual influye sobre el sistema nervioso vegetativo y favorece el sueño. Por sus efectos casi mágicos se recomienda no abusar del violeta, pues crea adicción.

Los cristales coloreados nos pueden ayudar a superar ciertos problemas de salud, eligiendo el color que mejor convenga al caso.

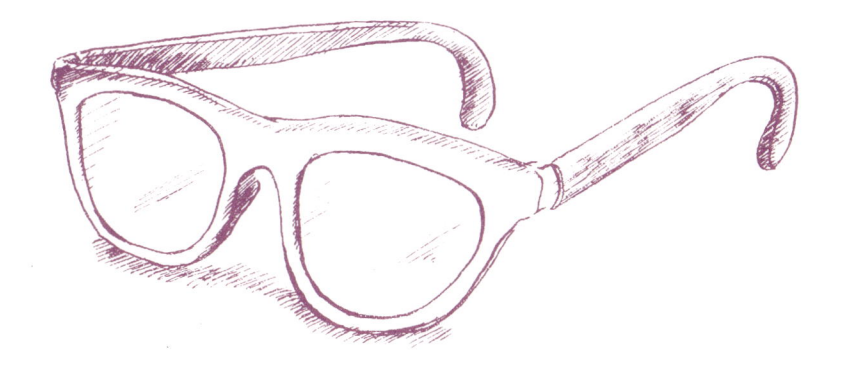

Ejercicios de respiración para estimular el riego sanguíneo

Los ejercicios respiratorios se simultanean con la contemplación de los colores, ya que ambas prácticas se potencian mutuamente. En particular los colores rojo y azul asociados a la disciplina de la respiración permiten mejorar la circulación sanguínea. Lo cual ayuda también a remediar otras anomalías, por ejemplo problemas de impotencia según comunicación del doctor Hans Weiers, médico de Bad Bellingen.

Los colores potencian los efectos de los ejercicios respiratorios. Al inhalar nos concentramos en el rojo, y al exhalar en el azul.

Para este ejercicio, nos sentamos en postura relajada y contemplamos una imagen que contenga iguales proporciones de rojo y de azul, armónicamente divididas. Al aspirar el aire fijamos nuestra atención en el rojo, y al exhalarlo en el azul. Por las razones que luego se dirán conviene reservar un tiempo suficiente para las sesiones.

La máxima irrigación sanguínea se consigue mirando de frente una lámpara azul-violeta no demasiado intensa, según estudios de la comisión «Humanidad y color», para los cuales se midió el flujo sanguíneo en la yema del dedo medio de la mano izquierda, observándose un aumento sostenido durante los primeros once minutos de exposición. Al desconectar en este momento la lámpara, el riego sanguíneo seguía aumentando durante algunos minutos para regresar luego, poco a poco, a los valores habituales.

También el verde favorece el riego sanguíneo, aunque no con tanta intensidad como la combinación rojo-azul o el azul violeta. En todos los casos, el retorno a los valores normales se produjo al cabo de unos 40-50 minutos a contar desde el instante en que se desconectaron las lámparas coloreadas. De lo expuesto anteriormente resulta que las sesiones de ejercicio respiratorio simultaneado con la contemplación de los colores deben prolongarse diez minutos como mínimo, a fin de obtener la mejoría buscada.

Los colores idóneos en decoración e indumentaria

Los directores de una importante aseguradora andaban desesperados. La compañía acababa de inaugurar su nueva sede central en un edificio de nueva construcción, dotado de un sistema de climatización técnicamente perfecto. La temperatura, controlada por termostatos, era idéntica en todas las estancias, y sin embargo las empleadas se quejaban del frío que hacía en los lavabos.

Los termómetros desmentían estas afirmaciones, pero las protestas continuaron hasta que el arquitecto mandó quitar las losetas color azul marino reemplazándolas por otras de color anaranjado: la presencia de este color «cálido» corrigió la temperatura ambiente subjetivamente percibida y no hubo más quejas.

Los que pasamos la mayor parte de nuestra vida entre cuatro paredes también podemos aprovechar las propiedades beneficiosas de los colores. Para empezar puede solicitar la colaboración de sus amistades y efectuar algunas pruebas cuyos resultados, si se interpretan con acierto, le ahorrarán muchos gastos y mucho derroche de energía nerviosa.

Prueba número uno
Sobre una mesa disponemos dos cajas de igual tamaño y peso, la una de color azul claro, la otra de gris oscuro o castaño oscuro. Pídale a su amigo que vaya a buscar la que le parezca más ligera: Salvo caso de auténtica ceguera para los colores, elegirá la caja de color más claro, porque este color parece más ligero (y más frío, dicho sea de paso).

Prueba número dos
El mismo experimento realizado con dos niñas de la misma estatura y, en lo posible, del mismo peso. Una de ellas viste de oscuro y la otra de un color claro. El testigo debe decirnos cuál de las dos está más delgada. Con toda probabilidad nos señalará a la que lleva el vestido claro, por las mismas razones de la prueba anterior.

Prueba número tres
En una habitación tenemos un sofá rojo y otro azul. Situamos al testigo en un punto equidistante de ambos muebles y le pedimos que vaya a sentarse en el sofá que halle más cerca. Lo más probable es que vaya hacia el rojo, lo cual se explica por una ilusión óptica: los objetos de color rojo parecen más próximos; por eso decimos que el rojo «destaca».

Las pruebas demuestran la importancia de elegir colores adecuados en relación con nuestra personalidad individual. Las ilusiones ópticas pueden originar apreciaciones erróneas de la realidad y alterar el equilibrio psíquico.

En época reciente viene imponiéndose la costumbre de instalar mandos atenuadores en los sistemas de iluminación, para graduar la intensidad de la misma en función del estado de ánimo.

La elección de colores para salas de estar

De estas y otras pruebas sencillas que podríamos idear se deducen las consideraciones siguientes:

- Elegir la combinación adecuada de colores calientes, que «destacan», y colores fríos, «que alejan».
- En primer lugar elegiremos el color principal o dominante. Si elegimos un color frío, procuraremos «caldear» luego el ambiente por medio de contrastes cálidos (mobiliario, cuadros, almohadas, flores); por el contrario, si preferimos un color caliente podremos «enfriarlo» un poco mediante el uso moderado de colores contrastantes fríos. Un detalle curioso es que el exceso de color rojo en la decoración, en vez de estimular produce una sensación de sed en el observador.
- Si se elige un color blanco o pastel muy claro, incluiremos en la decoración algún objeto que suministre una mancha de color muy intensa, lo cual origina un efecto tan tonificante como una buena dosis de vitamina B.
- No olvide comprobar el efecto de la iluminación artificial. La luz blanca de las bombillas de incandescencia corrientes resta brillo a los verdes y azules, y comunica a los tonos rosa un matiz amarillento muy desagradable. En cambio la luz blanca fluorescente intensifica los verdes y los amarillos, y favorece sobre todo los azules intensos.

La elección de los colores para el comedor

- Las paredes en blanco, rosa o melocotón estimulan el apetito. Según algunos psicólogos norteamericanos la presencia del color melocotón evoca en el hombre la figura de la madre, y le comunica una sensación de seguridad y confort.
- Haga instalar un *dimmer* para la iluminación, a fin de poder adaptarla a su propio estado de ánimo y establecer el ambiente idóneo para las cenas con invitados. Pero atención: si reducimos la intensidad de la luz a fin de crear un ambiente íntimo o romántico, hay que evitar que pueda incidir una luz fuerte al abrir alguna puerta, ya que la irrupción súbita de una ráfaga de claridad, en estas condiciones, suscita un efecto comparable al de una ducha helada.
- Si vamos a alumbrar la mesa con velas exclusivamente, no conviene escatimar velas, pues en caso de quedar demasiado oscuro el comedor no se obtiene la intimidad deseada, sino que se fatiga la vista de los presentes y cunde una molesta sensación de desgana.

Los colores del cuarto de baño

- No es una estancia donde permanezcamos muchas horas, por lo general, así que tenemos ahí la posibilidad de expresar nuestra afición a los colores chillones, pongamos por caso, o a las combinaciones «detonantes», sin preocuparnos demasiado por el «qué dirán».
- Es aconsejable la instalación de un atenuador, lo mismo que en los comedores, para que las señoras puedan modular la luz mientras se maquillan y peinan. Por la misma razón conviene armonizar la iluminación del baño con la del comedor, si esperamos recibir visita femenina.

Sorpresas de alcoba

- Según todos los estudios realizados hasta el momento, el color más excitante es el negro. Si quiere usted ser consecuente (y más moderno que ninguno de sus conocidos), ¡pinte de negro las paredes del dormitorio! Para contrastar puede colocar alfombras blancas en el suelo y una piel blanca como cubrecama.
- Prescinda de cuadros con pinturas y litografías eróticas en las paredes. Si quiere expresar la polaridad masculino-femenino, como parece lo apropiado en una alcoba, hágalo mediante los contrastes de color; una decoración que combine el blanco y el negro resulta mucho más erótica que el más frívolo grabado del XVIII francés.

El dormitorio, si ha de ser escenario de la vida conyugal, excitará más por la elección de los colores que con ilustraciones eróticas.

El efecto del color en el atuendo

El color interesa a los psicólogos, médicos y decoradores, pero todavía más a los creadores de moda, que necesitan saber utilizarlo adecuadamente. Pero más allá de las modas, también es importante que cada uno sepa encontrar su color personal y en qué manera le influye, tal como ha descrito la escritora norteamericana Cindy Adams:

«Todavía recuerdo con claridad el momento en que descubrí la importancia de los colores. Sucedió una mañana que salí vestida de verde, hasta que me di cuenta de que algo iba mal. Todo el día tuve que escuchar comentarios por el estilo de "tienes mala cara hoy, Cindy", o "parece que has engordado un poco, ¿no?", cuando en realidad querían decir "tienes un aspecto horrible".

Hacia el automejoramiento por las aplicaciones del color

»Por la tarde me tocaba salir otra vez, pero sin un momento para descansar, ni bañarme, ni siquiera retocarme el maquillaje; apenas si tuve tiempo para ponerme un vestido rojo intenso.

»Y entonces ocurrió lo más sorprendente. Todo el mundo alabó mi buen aspecto y me veían más delgada. El cambio fue maravilloso y entonces comprendí el efecto positivo del color rojo, al menos en lo que a mí concierne. Es como una dosis de vitalidad renovada.»

LOS COLORES Y LAS PIEDRAS PRECIOSAS

Secretos, leyendas y fascinación de las gemas
Hasta aquí hemos tratado ampliamente la cuestión de la importancia y los efectos de los colores, procurando atenernos siempre a lo científicamente demostrado. Tal vez se habrá preguntado el lector qué tiene que ver todo esto con las piedras preciosas. La respuesta es fácil, porque toda gema y todo mineral tienen su color propio. Hasta las piedras más duras emiten vibraciones. Queremos intrigarle a usted con los secretos de las piedras preciosas, y le invitamos a sumergirse con nosotros en ese mundo.

El verdadero valor de las piedras preciosas
Formadas en el seno de la Tierra, en total oscuridad durante millones de años, las gemas, costosas y deseadas, han fascinado siempre a los humanos. Y no sólo cautivan al hombre por su belleza, ni porque sean relativamente escasas, ni por los grandes trabajos e incluso peligros físicos en que incurre quien se dedica a arrebatarlas del seno de la Madre Tierra, sino también por sus ocultos poderes curativos. En su ser más íntimo el hombre capta las vibraciones de los luminosos colores que poseen las gemas y desde los tiempos más ancestrales el conocimiento de sus propiedades vibracionales se constituyó en toda una ciencia.

En esta época de grandes inventos técnicos, sin embargo, el sistema nervioso del hombre se ha embotado por el exceso de estímulos, y los dogmas de la ilustración barrieron buena parte de los saberes tradicionales. Nuestro conocimiento instintivo del poder de la naturaleza se ha atrofiado a lo largo de los últimos siglos. Por lo cual hemos perdido el contacto con una importante reserva de fuerzas curativas naturales.

Nos cumple reactivar ahora esa reserva y aprender de nuevo el lenguaje de los colores, de las vibraciones cristalinas. Con un poco de paciencia, tiempo y serenidad todos podemos conseguirlo. Experimentemos con las piedras, dejemos que nos influyan con sus diferentes y maravillosos colores y vibraciones, y aprendamos a utilizarlas para el mejoramiento de nuestra salud.

El valor de las piedras preciosas aumenta con la talla, aunque la estructura cristalina es suficiente para liberar fuerzas capaces de ejercer efectos positivos en el ser humano.

¿Inversión de capital? ¿Regalo de distinción?

Consideradas como inversión de capital, las gemas apenas dan rentabilidad. En cambio su uso cotidiano libera fuerzas que pueden afectar a nuestra vida.

Las piedras preciosas significan cosas diferentes para las distintas personas. Algunos las consideran como simples inversiones de capital, o como una forma de ahorro, y tienen sus joyas a buen recaudo en las cajas fuertes de los bancos. En la oscuridad de ese encierro, sin embargo, ni puede apreciarse su belleza ni tienen ninguna eficacia sus virtudes. Quedan anuladas, lo mismo que si hubieran permanecido en el seno de la Tierra, y es lástima, porque tampoco desde el punto de vista económico aportan demasiada rentabilidad, malográndose el esfuerzo humano de su extracción así como el del artista que las talló para darles forma. Incluso muchas piedras preciosas pierden su virtud en esa cárcel de acero, privadas de la luz, de las vibraciones materiales que ellas necesitan. Las gemas exigen luz y vida, no son materia inerte.

Para otras personas, son objetos de regalo que pueden expresar, por ejemplo, un gran amor. Es sabido que las piedras preciosas han conquistado los corazones de muchas mujeres. E incluso el niño que recoge del fondo del arroyo un guijarro pulido para regalárselo a su madre le alegra con ello el corazón. Las piedras preciosas adornan las coronas, las diademas, los brazaletes, las pulseras y los anillos. Con gemas de múltiples formas se adornan los cubiertos, los marcos y los espejos. En las grandes galas brillan, en competencia con el esplendor de las mujeres hermosas, los diamantes, los rubíes, los zafiros y las esmeraldas. Todas las culturas incluyeron piedras preciosas entre las ofrendas funerarias y todas las religiones han adornado con ellas las figuras de sus santos, los objetos sagrados ofrecidos al culto de los dioses.

Para otros, en fin, la piedra preciosa es un talismán, un amuleto que les protegerá frente a toda clase de infortunios. El amuleto es un símbolo de la curación y de la fe en las fuerzas terapéuticas. Y como sabemos, todo símbolo tiene un poder intrínseco, su eficacia va más allá de los impulsos de la realidad inmediata que percibimos. Son como un dedo material que apunta hacia el alma del ser humano.

La eficacia de las aplicaciones de los amuletos y los talismanes se sitúa en el terreno de los problemas que la medicina moderna tipifica como psicosomáticos.

El amuleto, guía para orientarse en medio del caos

La forma, el material y el diseño del amuleto tienden a centrar la atención de su portador; sólo cuando esto se consigue despliega aquél su plano simbólico.

Los amuletos clásicos se elaboran con piedras preciosas o semipreciosas, que constituyen «símbolos naturales» en razón de su dureza, su brillo natural y sus maravillosos colores. En las culturas de origen indogermánico reviste una significación particular el rojo. Para los persas, los griegos y los romanos la piedra preciosa por antonomasia era la de color rojo. Es decir, generalmente, las de la familia de los granates, y también el rubí, aunque mucho más raro, muy apreciado por su dureza.

En los amuletos hallan expresión los deseos, las esperanzas y las elucubraciones de su propietario. Por consiguiente, son modelos mentales, expresiones de una doctrina que interpretaba las cosas naturales desde el punto de vista de su utilidad.

Hay operaciones de magia, como cuando se recurría al nácar, a los colmillos de los animales, a las semillas blancas y a otros objetos parecidos a los dientes para acelerar la dentición de los niños. O como el empleo de las bolas de ágata (de color blanco lechoso) para favorecer la lactancia de las amas de cría. Más tarde, una llave colgada del cuello pero llevada por detrás, a la espalda (símbolo de «el mundo al revés»), facilitaba el destete. Este mundo de los símbolos era de fácil interpretación, no exclusiva de los sabios, los sacerdotes ni demás clases dominantes.

Los amuletos pueden aportar al usuario una fuerza natural y también otra sobrenatural, y esto ya no lo niega ningún científico serio.

El amuleto, un colgante destinado a conferir fuerza y protección al usuario, es de origen pagano. Hoy se han popularizado de nuevo los amuletos gracias al conocimiento de los colores, las estructuras y las propiedades curativas.

Significación de las piedras en las culturas del pasado

El auge actual de los cristales y de las piedras preciosas no es una innovación de esta era de Acuario, sino un renacimiento. Desde los comienzos de la historia humana, las piedras y los cristales han desempeñado un gran papel, recogido además en toda clase de mitos y leyendas.

El hombre aprendió a utilizar la piedra hace 200.000 años; de ahí que ella se convirtiese en el primer objeto de culto. Entre los antiguos germanos la piedra rúnica servía para transmitir informaciones mediante los símbolos grabados en ella. Los sacerdotes de los antiguos egipcios, los chamanes y los alquimistas utilizaron las gemas con intención de auxiliar, curar o alcanzar la clarividencia. Y algunos afirman que incluso las construcciones ciclópeas de los mayas y de los egipcios, sus gigantescas pirámides, fueron posibles gracias a la energía de los cristales. Se cree que algunos sabios que sobrevivieron al hundimiento de la legendaria Atlántida llevaron a estos países sus conocimientos acerca de cómo utilizar el poder de los cristales para dirigir las fuerzas cósmicas, ciencia que los atlantes habían desarrollado en muy alto grado. Y hace miles de años, los sumerios inauguraron la costumbre de llevar escapularios, es decir bolsitas de cuero conteniendo piedras que debían garantizarles la felicidad o la salud.

Aparte la decoración, el adorno personal y el culto, nuestra época considera otras aplicaciones de los cristales. Por ejemplo, el cómputo del tiempo. Consideremos también que el corazón de nuestros ordenadores, el *microchip*, con su gran capacidad para procesar informaciones de todo género, es en esencia un cristal cultivado de cuarzo.

Precisamente la ciencia moderna nos ha permitido comprender mejor la eficacia terapéutica sutil de las piedras preciosas, corroborando algunas de las ciencias ancestrales que nuestra cultura occidental tenía olvidadas desde hace bastantes siglos. Por lo menos desde la Edad Media, en cuya época no existía la separación entre las diferentes disciplinas científicas y los sabios no consideraban que fuese ningún desdoro el ocuparse de la virtud curativa de las piedras preciosas y de otros minerales. Una notable tratadista medieval, que explicó el arte de curar por medio de las gemas, por ejemplo, fue la monja alemana Hildegarda von Bingen.

Los mitos y las leyendas nos transmiten el saber milenario sobre la virtud curativa de las piedras preciosas.

Eficacia mágica y efecto salutífero

«Si te agobia la tristeza, fija la mirada largamente en el ónice y colócalo luego sobre tu lengua, y la tristeza te abandonará.» Así lo asegura el libro de las gemas que escribió la santa Hildegarda. Antes de abordar las enseñanzas de esta sabia vamos a echar una ojeada sobre su vida.

Nació Hildegarda en 1098, décima y última hija de una familia de Bermersheim. Era de constitución enfermiza y tuvo visiones desde su primera infancia. A sus padres los tenía espantados con sus narraciones infantiles y sus profecías, como cuando adivinó de qué color sería un cabritillo que aún estaba por nacer.

Tenía ocho años de edad cuando sus progenitores resolvieron entregarla para su educación al vecino convento de la orden de San Benito, como solía hacerse por aquel entonces con las criaturas enclenques y sin demasiadas perspectivas de un casamiento ventajoso, aunque también es muy posible que influyese en tal decisión el temor de los padres ante aquellas revelaciones sobrenaturales.

En la época, una niña de ocho años o tenía compromiso fijo para casarla con el hijo de alguna familia vecina, o la ponían a trabajar en los más duros menesteres domésticos, o la consagraban al servicio del Señor. Esta última opción, cuando la familia de la criatura era de alta alcurnia, implicaba el aprender a leer y a escribir, conocer los libros sagrados y tener acceso a las ciencias lo mismo que si fuese un varón. Por eso Hildegarda von Bingen llegó a ser una latinista notable, tuvo correspondencia con reyes, emperadores, obispos y papas, y redactó la primera obra sistemática sobre medicina en idioma vernáculo, es decir alemán.

Fue hacia el año 1150 cuando Hildegarda dio a conocer su voluminoso tratado de medicina natural, que por sí mismo justifica la renovada actualidad de este personaje, en función del interés que hoy suscitan los métodos de curación alternativos al margen de la medicina convencional.

Al igual que el *Ayurveda,* la obra médica de Hildegarda von Bingen parte de un concepto holístico del ser humano. Desde esa perspectiva, el hombre es un ser genuinamente incardinado en el cosmos. Y por consiguiente, tanto sus dolencias como la curación de éstas se explican en orden a la vinculación entre el cuerpo y el alma. Entre los remedios terapéuticos figuran tanto las hierbas como determinados alimentos y bebidas, y así también la virtud de los minerales.

Cuando alguien atribuye eficacia mágica a un objeto, muchos reaccionan con escepticismo; pero la virtud terapéutica del color, de la luz y de las piedras es demostrable e invita a deponer cualquier objeción.

Las piedras y los cristales: su origen y composición

Si queremos estudiar la virtud curativa de las gemas y de los cristales, convendrá que nos familiaricemos con su origen y su composición. He aquí algunas nociones elementales.

Entre los sólidos que forman la corteza terrestre distinguimos las rocas y los minerales. Las rocas se componen de una mezcla de minerales de origen natural. Los minerales, en cambio, están formados por una sola sustancia, que incluso puede ser un elemento químico, pero más comúnmente será una combinación de varios elementos.

Casi todos los minerales que conocemos –y que con arreglo a la clasificación más estricta serían unas 1.850 especies– pueden presentarse en forma de cristales, es decir sólidos de figura geométrica exacta que corresponde a la estructura de su rejilla atómica. Todo mineral tiene una «estructura cristalina» propia e inconfundible.

Las distintas especies minerales tienen diferentes orígenes, que sirven para clasificarlas atendiendo a las «series» o «ciclos» orogénicos.

La clasificación estricta de los minerales totaliza 1.850 especies, cada una de las cuales se caracteriza por poseer una estructura cristalina inconfundible.

1. El ciclo magmático

Es el que corresponde a las rocas formadas a partir del magma líquido del interior de la Tierra y en los procesos volcánicos.

Las fuerzas geológicas empujan grandes masas de magma hacia la superficie de la corteza terrestre, desarrollándose presiones y temperaturas altísimas. Luego el enfriamiento y los procesos físico-químicos de recombinación dan lugar a diferentes clases de minerales y rocas.

2. La serie sedimentaria

La formación de las rocas y de los minerales del ciclo sedimentario es consecuencia de influjos mecánicos externos o de reacciones químicas que modifican su composición. Entre esos influjos externos figuran la acción del agua y del viento, las heladas y los glaciares, e incluso el ataque por parte de organismos vivos. Entre los procesos químicos citaremos los de oxidación y reducción. Luego interviene la acción erosiva, el transporte, la nueva deposición y la consolidación de los materiales que constituyen las rocas.

«Familias» minerales

Desde el punto de vista de su composición química los minerales se clasifican en diferentes «familias»; si dejamos aparte los de origen orgánico, por ejemplo el ámbar, resulta la clasificación siguiente:

Clase	Ejemplos
Clase I **Elementos**	Diamante, oro, grafito, cobre, platino, azufre Plata, bismuto
Clase II **Sulfuros**	Pirita arsenical, galena, calcopirita, pirrotita, marcasita, disulfuro de molibdeno, pirita, rejalgar, antimonita, blenda de zinc
Clase III **Halogenuros**	Fluorita (espato flúor), criolita, sal gema
Clase IV **Óxidos e hidróxidos**	Crisoberilo, cuprita, hematita, limonita, magnetita, ópalo, pecblenda, cuarzo, rutilo, espinela, casiterita
Clase V **Nitratos, carbonatos, boratos**	Aragonito, azurita, calcita, cerusita, dolomita, malaquita, espato manganoso, siderita, calamina
Clase VI **Sulfatos**	Anglesita, barita (espato pesado), celestina, wulfenita
Clase VII **Fosfatos, arseniatos, vanadatos**	Apatita, descloizita, lazulita, mimetesita, piromorfita, torbernita, turquesa, vanadinita, vivanita
Clase VIII **Silicatos**	Andalucita, augita, berilo, clorita, epidoto, olivino, mica, hornablenda, lapislázuli, nefelina, feldespato, prehnita, serpentina, silimanita, sodalita, cuncita, actinolita, talco, titanita, topacio, turmalina, vesubiana, zirconio, zoisita

3. La serie metamórfica

Esta clase incluye las rocas y los minerales que no son de primera formación, sino que han sufrido modificaciones durante su permanencia a diferentes profundidades en los estratos de la corteza terrestre, por influjo de las variaciones de presión y de temperatura, o bien por la irrupción de otras rocas fundidas o la penetración de vapores y gases.

Criterios para la identificación de minerales y cristales

Un sistema de características para la identificación de los minerales simplifica la tarea, ya que muchos de ellos tienen dos o tres denominaciones.

El saber reconocer los minerales y los cristales requiere práctica y experiencia. Sin duda el más novel sabrá diferenciar un cuarzo rosado de un cuarzo lechoso, pero el reino mineral es inmensamente grande; si añadimos al catálogo básico todas las variaciones y tenemos en cuenta que muchas especies de minerales se conocen bajo dos o tres nombres distintos, fácilmente llegamos a superar las 3.600 variedades.

Para una primera orientación véanse aquí seis métodos de determinación útiles:

1. El sistema de cristalización

La ciencia ha determinado 32 sistemas cristalinos diferentes, pero basta por lo general el conocimiento de las siete clases principales, por cuanto son las más frecuentes en los minerales de aplicación terapéutica. Cada mineral tiene sus átomos dispuestos en una rejilla de configuración determinada y los cristales adoptan la forma geométrica de la misma.

2. Color externo y raya

Los distintos colores de las piedras preciosas permiten reconocerlas e identificarlas, pero se impone la máxima precaución, ya que los agentes físicos, como la luz y el calor, o la presencia de impurezas o mezclas, pueden alterar totalmente el color de un mineral; además algunos de éstos se presentan en varios colores diferentes. Para mayor seguridad conviene examinar la raya que deja el mineral. Para este fin se necesita una tableta de porcelana no vidriada; frotando sobre ella el espécimen en cuestión veremos de qué color es la raya que deja sobre la porcelana, la cual nos da el color auténtico del mineral.

3. Dureza

Todo mineral puede ser rayado por otro más duro, y a su vez el primero raya a todos los minerales más blandos. El geólogo Friedrich Mohs (1773-1839) ideó una escala de dureza en base a este principio, que sigue utilizándose hoy bajo el nombre de «escala de Mohs». Es la siguiente, por orden del mineral más blando al más duro:

Grado 1: muy blando, se raya con la uña, por ejemplo el talco

Grado 2: algo menos blando, pero todavía se raya con la uña; ejemplos, el yeso, la sal gema

Grado 3: bastante más duro, se raya con una moneda de cobre, por ejemplo la calcita

Grado 4: dureza media, se raya con un trozo de vidrio o con un cortaplumas, por ejemplo el espato flúor

Grado 5: algo más duro, apenas se raya con el cortaplumas, por ejemplo la apatita

Grado 6: es el grado superior de las durezas medias, apenas se raya con la lima de acero, por ejemplo la ortoclasa (feldespato)

Grado 7: bastante más duro, permite «escribir» sobre el vidrio, por ejemplo el cuarzo

Grado 8: raya el cuarzo y entra en la categoría de dureza de las «piedras nobles», por ejemplo el topacio

Grado 9: raya el topacio pero lo raya el diamante, por ejemplo el corindón

Grado 10: el diamante, que posee la dureza máxima y no lo raya ningún otro mineral

La escala de Mohs, introducida por Friedrich Mohs en 1812, es un criterio indispensable para el conocimiento de las piedras preciosas y de la mineralogía en general.

Hexagonal

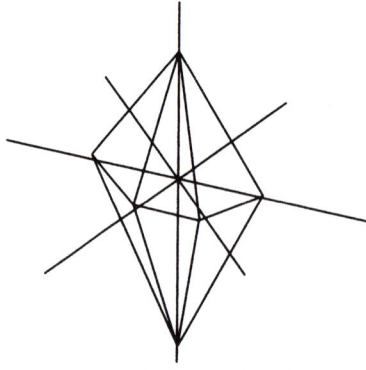

Tres ejes secundarios de igual longitud en el plano horizontal y un eje principal perpendicular a dicho plano y de longitud diferente.
Estos cristales presentan siempre figuras con seis caras.

Trigonal (o romboédrico)

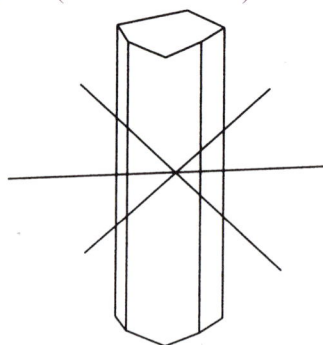

Su forma geométrica fundamental es el romboedro, paralelepípedo cuyas caras son rombos. En el romboedro el eje de simetría ternaria está igualmente inclinado sobre los tres ejes cristalográficos paralelos a las aristas que concurren en un vértice.

Cúbico (o regular)

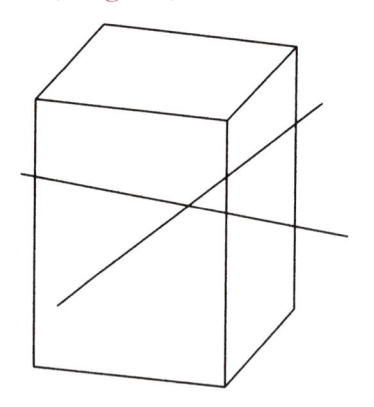

Los tres ejes son iguales y perpendiculares entre sí; la forma geométrica fundamental es el cubo.

Monoclínico

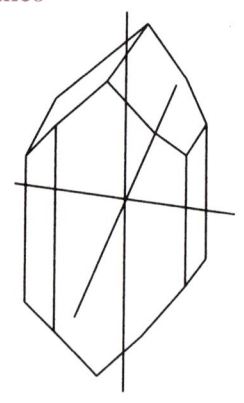

Tres ejes de diferentes longitudes que se cortan oblicuamente; los cristales tienen figura de prisma oblicuo cuya base es un rombo.

Rómbico (u ortorrómbico)

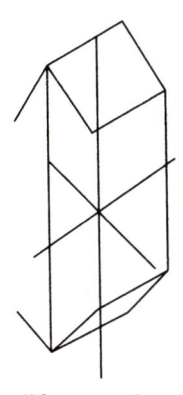

Tres ejes de diferentes longitudes pero perpendiculares entre sí. La forma geométrica fundamental es un prisma recto cuya base es un rombo.

Tetragonal

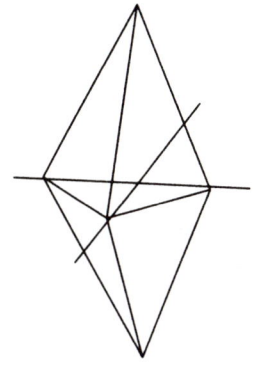

Dos ejes perpendiculares entre sí, de igual longitud, definen el plano horizontal; el eje principal es perpendicular a éste y de diferente longitud, de donde resultan cristales en forma de prisma recto de base cuadrada o prismacuadráticos.

Triclínico

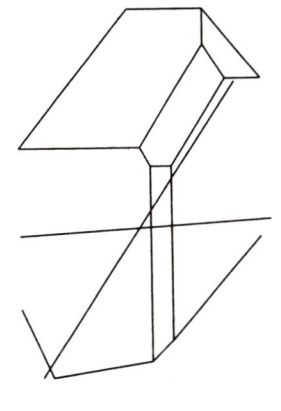

Todos los ejes son de longitudes diferentes y oblicuos entre sí; la figura resultante es un prisma oblicuo cuya base es un paralelogramo.

Los siete sistemas cristalinos principales

Aparte la dureza, los criterios principales para la clasificación de los minerales son el sistema cristalino, el color de la raya, el brillo, la transparencia y el peso específico.

4. La exfoliación

Es otro criterio, algo relacionado con la dureza, que sirve para determinar los minerales. En la práctica distinguimos tres posibilidades: la exfoliación «excelente», como dicen los especialistas (el mineral se rompe con facilidad dejando una superficie paralela a una posible cara cristalina), la «completa» o la «incompleta», ésta la menos favorable. Además nos fijaremos en la «fractura», es decir el aspecto que presenta la superficie al romper el mineral: plana o irregular, lisa o terrosa, fibrosa, conquiforme, quebradiza, astillada, etc.

5. El brillo y la transparencia

El brillo de los minerales y más particularmente el de los cristales depende de la proporción de luz incidente que absorben o reflejan. La transparencia se aprecia mejor a contraluz. Tanto este criterio como el del brillo admiten muchos grados:

Brillo = diamantino - graso - vítreo - semimetálico - metálico - nacarado - sedoso.

Transparencia = transparente - semitransparente - translúcido - opaco.

6. Peso específico

Para la determinación mineralógicamente exacta de una piedra es muy útil conocer exactamente su peso específico. Como hemos sido buenos alumnos de ciencias naturales en la escuela, recordaremos, naturalmente, que peso específico es igual a peso dividido por volumen.

Por tanto, se trata de colocar la piedra en el platillo de la balanza y determinar su peso con la mayor exactitud posible. Luego echaremos una cantidad de agua en una probeta graduada de diámetro suficiente para que la piedra quepa en ella. Al introducir el sólido, el nivel del agua subirá y la diferencia, expresada en centímetros cúbicos, nos dará el volumen de aquél. Aplicando ahora la fórmula antedicha, tenemos el peso específico del mineral.

EL ESPLENDOR DE LAS PIEDRAS PRECIOSAS

Pequeña nómina de cristales y minerales

Mucho sabemos ya de los efectos de algunos colores sobre la psiquis y el organismo humano. También los brillantes colores de las piedras preciosas pueden sedar o estimular, purificar o sanar. Toda piedra preciosa tiene su propia historia, su composición y su importancia. Para entender el efecto curativo y vivificante de las piedras, sin embargo, ante todo es preciso conocerlas. En este capítulo damos una lista de los minerales y cristales más importantes desde el punto de vista de las aplicaciones terapéuticas. Dado el enorme número de especies existentes, nos limitaremos a describir las que revisten especial importancia por sus efectos sobre el ser humano.

Actinolita

El prefijo «actino» significa «rayo de luz». Es un silicato cálcico-magnésico-férrico y se presenta en los colores verde, azul y negro.

Adularia

Variedad cristalina de feldespato que se presenta en los colores blanco, blanco grisáceo, verde grisáceo o translúcido con ligero matiz azulado (*piedra lunar*); se encuentra en los valles alpinos de Suiza, en los Alpes orientales y en Ceilán.

Ágata

El Ajates, un antiguo valle fluvial de Sicilia, ha dado su nombre al ágata.

Es la variedad más importante de la calcedonia, muy dura y algo transparente. Se distingue por la disposición de sus bandas onduladas y concéntricas, cuyos colores van desde los grises y amarillos más tenues hasta el castaño oscuro y el azul casi negro, y por las vetas de impurezas que las atraviesan; así hay ágatas musgosas, dendríticas, oceladas, estrelladas, etc. Se encuentran en Renania-Palatinado, Francia, Italia, Uruguay, Brasil, Estados Unidos, Madagascar, la India y Borneo.

Aguamarina

Una leyenda dice que el aguamarina procede del tesoro de las sirenas; por eso es la piedra de la suerte para los marinos.

Una forma del berilo, y muy popular como piedra preciosa, alcanza su valor máximo cuando tiene color azul marino, aunque también se da en tonos verdosos y en un suave azul claro. Es un cristal hexagonal, transparente y de brillo cristalino que se halla en la isla de Elba, en los Urales, en Brasil, Madagascar, Sudáfrica y Australia.

Amatista

El nombre de la amatista procede del griego y significa «sobrio» (porque se creía que preservaba de la embriaguez) o «color de vino».

Es un cuarzo coloreado y goza de gran aprecio como piedra preciosa. Su color ofrece todas las variedades del violeta desde el rosa claro hasta el azul oscuro muy saturado, muchas veces picado de pardorrojizo. Se encuentra en Renania-Palatinado, Tirol, Irlanda, Escocia, Suecia, Canadá, Estados Unidos, Brasil, Uruguay, África suroccidental, Madagascar y Ceilán.

Amianto

Mineral fibroso, se presenta en los colores verde, blanco y gris. Especialmente agradable cuando tiene brillo seda. Yacimientos en los Alpes orientales, en los montes Metálicos, en los Urales, en Canadá, en Estados Unidos y en Sudáfrica.

Andalucita

Es un mineral del grupo de los gneis y las micacitas. De color rojo grisáceo, amarillo o rosa, cristaliza en el sistema rómbico, aunque los cristales transparentes son raros. Se encuentra en Alemania, Suiza, España, Argelia, Estados Unidos y Sudáfrica.

Aragonito

También llamado *aragonita*, recibe este nombre porque fue descubierto en Aragón (1775), aunque se halla muy extendido; aparece en los colores blanco, amarillo, rojo, violeta y negro y cristaliza en el sistema rómbico.

Augita

Es una variedad de *piroxeno*, que se encuentra en las rocas volcánicas y forma parte del material basáltico. Se conocen variedades color castaño, verde oscuro y negro. El cristal es opaco y en forma de columna.

Azurita

Se da con frecuencia en los criaderos de cobre y se halla muy extendido; por su color azul intenso fue muy apreciado desde la antigüedad. Cristaliza en el sistema monoclínico.

Barita

Llámase también baritina en su forma cristalizada, o espato pesado, y es un mineral de bario que se encuentra a menudo en los filones metalíferos. La piedra es de color blanco, amarillento, pardo o rojo, aunque el mineral de pureza absoluta es incoloro. Cristaliza en el sistema rómbico y suelen presentarse aglomeraciones de cristales en inflorescencia o en forma laminar. Se encuentra en Turingia, Alemania, en la región austriaca de Salzburgo, en Hungría, en Francia, en Estados Unidos y en casi todos los países de la ex Unión Soviética.

Blenda de zinc

Sulfuro natural de zinc, cristaliza en el sistema cúbico y presenta diversos colores desde el negro, pasando por el amarillo y el rojo hasta el incoloro. Los cristales tienen un brillo duro, diamantino, y presentan propiedades de triboluminiscencia y fosforescencia. Muy difundida, se halla en los montes centroeuropeos, en los estados de la ex Unión Soviética, en las dos Américas, en Australia y en el continente asiático.

Calcedonia

Los microcristales fibrosos de cuarzo le confieren a la calcedonia un aspecto cerúleo o mate.

Está formada por microcristales de cuarzo y ópalo; las hay de color carne (*cornalina*), pardas (*sardónice*), gris-azuladas y verdes (*plasma*). Hallamos ejemplares casi transparentes y otros apenas translúcidos. Se da con especial frecuencia en Arizona, en el sudoeste de África y en el continente australiano.

Calcita

Es el carbonato natural de calcio y existen unas doscientas variedades; además cristaliza en numerosas variantes y los cristales pueden ser incoloros y transparentes (como el *espato de Islandia*, romboédrico y birrefringente), o bien opacos, amarillentos, blancos y grises.

Calcopirita

Llamada también *pirita de cobre*, es un sulfuro de cobre y hierro que cristaliza en el sistema tetragonal. Tiene brillo metálico y color amarillo latón, amarillo verdoso o tornasolado; son especialmente bellas las maclas de penetración con cristales dorados. Se da en todo el planeta y especialmente en Canadá y Rusia.

Carniola, carnalina

Es una variedad de calcedonia, de color rosa carne o rojo pardo, en otro tiempo muy utilizada para tallar camafeos (piedras con figuras en bajorrelieve, comúnmente retratos). Se encuentra en la India, el norte de África, Siberia y Japón.

Celestina

Sulfato de estroncio, es un cristal de notable belleza, comúnmente blanco azulado, incoloro o amarillo, de aspecto prismático por lo general. Se halla en toda la región alpina, en las montañas de las dos Américas, en Asia y en los estados de la ex Unión Soviética. En España, yacimientos de Hellín y Sierra Gádor.

Cerusita

Carbonato de plomo, generalmente blanco, aunque también lo hay en los colores amarillo, gris y pardo. Los cristales tienen un brillo vítreo muy agradable que resalta sobre todo en las aglomeraciones de forma estrellada. Es frecuente en las minas de plomo y se encuentra, por ejemplo, en Linares.

Cinabrio

Es la mena del mercurio. La piedra tiene un intenso color rojo. Muy pesada, cristaliza en el sistema trigonal. Yacimientos en Renania, España, Italia, China, Japón y América.

Citrina

Es otro mineral perteneciente a la familia de los cuarzos. A veces recibe el nombre, aunque totalmente injustificado, de *topacio dorado*. Sus colores varían entre el amarillo claro y el pardo; el cristal puede ser transparente o no, y se encuentra en Francia, España, Escocia, Madagascar, América, Australia, países asiáticos y los de la ex Unión Soviética.

Lo que se ofrece en el comercio con el nombre de citrina suele ser una amatista tostada que, por su intenso color amarillo, también se llama topacio dorado. En cambio la citrina verdadera viene a ser de color amarillo pálido comúnmente.

Clorita

Es una familia de silicatos de aluminio que se encuentra en todas las zonas montañosas. Se presenta en láminas de color verde brillante, verde blanquecino o verde oscuro tirando a negro, según las impurezas que contenga y que suelen ser hierro o manganeso. Es de origen metamórfico y cristaliza en el sistema monoclínico.

Crisoberilo esmeralda

Óxido de berilo y aluminio, cristaliza en el sistema rómbico. Piedra preciosa de color verde amarillento, muy apreciada además por su escasez, se da en Sri Lanka y Brasil.

Crisocola

Silicato hidratado de cobre, bastante corriente en las menas de este metal. Muy blando, de color verde azulado y de brillo cerúleo, se encuentra en la isla de Elba, en Gran Bretaña, Norteamérica, Rodesia, Chile y México.

Cristal de roca

Cristal deriva del griego krystallos *que quiere decir «claro como el hielo». Las ninfas de las leyendas germánicas vivían en palacios de refulgente cristal de roca.*

Llamado también, a veces, *diamante de Arkansas*, es un cuarzo cristalizado, transparente e incoloro en sus ejemplares más bellos, de una claridad comparable a la del agua de un arroyo. Se han encontrado ejemplares gigantescos, de hasta ocho metros de circunferencia. Cristaliza en el sistema rómbico, o bien en el tetragonal según la proporción de agua que contenga. Los coleccionistas aprecian sobre todo los especímenes absolutamente transparentes e incoloros, aunque también los hay algo turbios o con un matiz grisáceo o amarillento. Se encuentra en todo el planeta y siempre ha sido considerado como piedra preciosa y talismán de la buena suerte.

Cuarzo ahumado

Es el que presenta un matiz pardo más o menos intenso, debido a la presencia de compuestos de carbono. Se le llama también *topacio ahumado*.

Cuarzo lechoso

Es la variedad más corriente, en que los cristales impurificados por inclusiones a veces de líquidos o gases presentan un aspecto blanco-translúcido. Se halla en todos los países del mundo.

Cuarzo rosado

La variedad de color rosado se presenta en masas de gran dureza, transparentes o translúcidas. Se halla en Finlandia, Madagascar, África, Sudamérica, en varios países asiáticos y en la región de los Urales.

Este mineral se presenta formando aglomeraciones compactas, pero no cristales, que se agrietan con facilidad y son sensibles al calor.

Cuarzo rutilo

No confundir con el *rutilo* que es un dióxido de titanio, este nombre designa los cristales de cuarzo con inclusiones aciculares, es decir en forma de agujas, también llamadas *cabellera de Venus*, y que le prestan un brillo especial con destellos dorados. Es muy abundante en Nueva Zelanda.

Chorlo

Es una variante de la *turmalina*, de color negro muy saturado, con inclusiones en estrella. Tiene brillo vítreo y se encuentra en los estados de la ex Unión Soviética, en toda América, en Australia y en China.

Diamante

El diamante y el grafito son formas alotrópicas de una misma sustancia, el carbono, y sin embargo su aspecto no puede ser más diferente.

La más famosa y la más deseada de todas las piedras preciosas. Es carbono puro cristalizado y, por consiguiente, un elemento desde el punto de vista de la mineralogía. Totalmente inalterable por los ácidos y los álcalis, presenta un elevado índice de refracción, con gran dispersión cromática, que lo hace ideal para la talla. Hay diamantes blancos, amarillentos, grises y azulados. Existen yacimientos de diamantes en África sobre todo, y también en América, Siberia, Australia y la India.

Dioptasa

Es un cristal transparente o translúcido cuyo matiz puede variar desde el verde esmeralda hasta el más oscuro y saturado de los verdes; cristaliza en el sistema hexagonal.

Epidoto

O *epidota*, es un silicato aluminocálcico y ferrocálcico que cristaliza en el sistema monoclínico. Son de bello aspecto tanto los cristales individuales como las aglomeraciones, de característicos colores verde negruzco, verde amarillento y verde azulado, con brillo vítreo.

Eritrina

Se da en rojo claro, rosa y violeta, con suave brillo vítreo o nacarado, y se encuentra prácticamente en todo el planeta.

De color flor de melocotón, el calor vira esta piedra a color azul.

Esmeralda

Silicato doble de aluminio y berilo, debe su color verde a la presencia del óxido de cromo. Se da en diferentes matices de verde, desde los más claros hasta los más oscuros, y en diferentes grados de transparencia. Es una de las piedras más valoradas y los mejores ejemplares se encuentran en Colombia; otros yacimientos en Sudáfrica, la India y América.

Las más antiguas que conocemos fueron excavadas cerca del mar Rojo y datan del 2000 a. C. suponiéndose que formaban parte de un tesoro faraónico.

Espato

Nombre genérico de los minerales con estructura en láminas, cabe destacar el *de Islandia* (muy transparente y con propiedades polarizadoras de la luz), el de hierro (*siderita*), el de flúor (*fluorita*), el de manganeso (*rodocrosita*) y el de bario (*baritina*).

101

Espesartina

Granate aluminoférrico y manganoso que se presenta en cristales transparentes o translúcidos cuyo color varía entre el amarillo-anaranjado y el rojo pardo. Se halla en Spessart (Baviera), de donde deriva su nombre. Yacimientos en cabo de Creus.

Galena

Sulfuro de plomo, cristaliza en el sistema cúbico y sus cristales tienen un color gris plomo con brillo metálico muy peculiar, que destaca especialmente cuando se le da un poco de pulimento. Se encuentra en Canadá, Estados Unidos, México, Australia, la ex Unión Soviética y muchos países asiáticos.

Granate

Grupo de silicatos complejos de aluminio y hierro cuyas formas transparentes y coloreadas se emplean como piedras preciosas y toman muchos nombres, como *grosularia* (la variedad de color verde aceituna), *piropo* (rojo oscuro) y *uwarorita* (verde esmeralda); aunque son más comúnmente rojos, también hay granates amarillos, pardos, pardorrojizos y negros.

Hematites

Muy corriente, es un óxido de hierro y su coloración va del rojo pardo al gris acerado o negro, con hermoso brillo metálico.

Hornblenda

Un mineral frecuente en las formaciones magmáticas y los esquistos cristalinos; piedra opaca, de brillo vítreo y coloración verde, verde-pardo o verde negruzco.

Jaspe

Se encuentra casi exclusivamente en las cuevas y grutas; es un anhídrido silícico criptocristalino, opaco, de brillo mate, y de coloración amarilla, roja o parda (*jaspe de Egipto*). Yacimientos en numerosos países de todos los continentes.

El jaspe rojo se empleó mucho en construcciones ornamentales, por ejemplo en el Ermitage de San Petersburgo.

Lapislázuli

Piedra de intenso color azul, a veces con vetas o manchas de color más claro, es un silicato doble de sodio y aluminio. Yacimientos en Afganistán, Persia, California y Chile.

Limonita

Mineral de hierro (óxido hidratado de hierro) también llamada *hematita parda*, tiene un brillo suave y se hallan ejemplares translúcidos. Se encuentra en los Urales, en Pakistán, en Mongolia y en América del Sur.

Madera fósil

La fosilización se produce por la infiltración de sílice en la madera y da lugar a piedras de diferente coloración y veteado según la especie originaria; se da en muchas regiones del mundo y especialmente en la Patagonia.

Magnetita

Óxido de hierro de color negro, de brillo metálico, que presenta el fenómeno del magnetismo natural. Muy difundida en todo el mundo, procede de las rocas eruptivas.

Malaquita

Carbonato básico de cobre, antaño solía utilizarse para objetos ornamentales, por ejemplo bandejas de sobremesa.

Es piedra opaca de color verde vivo o verde negruzco, muchas veces con inclusiones blancas que forman bellos dibujos en franjas o anillos concéntricos, y agradable brillo sedoso. Se encuentra en África, Australia, los estados de la ex Unión Soviética y Sudamérica.

Marcasita

Bisulfuro ferroso que suele confundirse con la pirita de hierro, ya que tiene la misma composición química, y se llama a veces «pirita blanca» por ser su color más claro (amarillo, verde amarillento o verde grisáceo). Muy difundida en todo el mundo.

Mica

Nombre de un grupo de silicatos de alúmina cuya característica más notable es su fácil exfoliación en láminas delgadas de brillo metálico. Tiene numerosas variedades, que se clasifican en micas blancas y negras (*biotita, moscovita, lepidocrita*). Se halla en Austria, Suiza, Noruega, la India, América, África, Australia y países de la ex Unión Soviética.

Moscovita

Es la principal representante del grupo de las micas blancas. De color plateado-metálico y brillo nacarado, los cristales aislados son sumamente raros. Se encuentra en Noruega, Rusia, Australia, África y Canadá.

Natrolita

Silicato alumínico sódico hidratado, cristaliza en el sistema rómbico y se encuentra sobre todo en oquedades de las rocas basálticas. De color blanco amarillento o rojo, tiene brillo sedoso o vítreo y puede ser transparente o translúcida. Se encuentra en Alemania, Turingia y Hessen, Escocia, Noruega, África y varios países asiáticos.

Nefrita

Una variante de la actinolita, de color verde claro o grisáceo y brillo mate. Se halla en los montes Metálicos, en Nueva Zelanda, Australia, Suiza y Canadá.

Ojo de gato

Es una variante de cuarzo con inclusiones formadas por fibras de amianto. De color amarillo verdoso, pero que cambia según el matiz de la luz incidente. También reciben el nombre de *ojo de gato* diversas variedades de crisoberilo, zafiro y turmalina. Proviene del este de la India, de Sudáfrica o de algunos países de la ex Unión Soviética.

Olivino

Silicato doble de magnesio y hierro, es una piedra de color verde aceituna, o verde grisáceo o pardo, translúcida y rara vez transparente. De brillo vítreo, es muy común en las rocas eruptivas básicas y se encuentra en Noruega, África, Siberia y Australia.

Ópalo

Presenta muy variada coloración; el *ópalo de fuego* es el de color rojo muy encendido; el *ópalo girasol* amarillea y no refleja sino algunos de los colores del arco iris; el *ópalo noble* es el casi transparente. Se encuentra en muchos países asiáticos, en América, África y Australia.

Ortoclasa

Grupo de feldespatos monoclínicos que se exfolian con gran facilidad dando láminas lisas, de donde deriva su nombre (que significa en griego «que se rompe bien»). Hay ejemplares pardo-amarillentos, rojos claros, grises e incoloros, de brillo vítreo y entre transparentes y translúcidos. Abunda especialmente en los países escandinavos, pero también se halla en Australia, África y América del Sur.

*Entre los griegos la nefrita era talismán protector contra enfermedades del riñón; de ahí su nombre, que deriva de **nephros**, riñón.*

El ópalo es sílice hidratada natural, no forma cristales sino que se presenta en estado amorfo. Fácilmente alterable por disipación del agua que contiene.

Pedernal

Una variedad de cuarzo, antiguamente llamada *piedra de fuego* porque desprende chispas al golpearlo con el eslabón. Es la piedra con la cual el hombre primitivo fabricaba sus hachas y punzones de piedra, debido a su fractura concoide que deja bordes afilados. De brillo cerúleo y color negro, gris oscuro o gris azulado, se halla en las formaciones cretáceas y es un mineral muy difundido.

Periclino

Una variedad de la plagioclasa o feldespato cálcico sódico, de color amarillo, pardo claro o amarillo rojizo. Se encuentra en América, países escandinavos, Finlandia, Japón y otros países asiáticos.

Pirita de hierro

En la primera mitad de nuestro siglo se utilizó con frecuencia la pirita en aplicaciones de joyería y se comercializó con el nombre de marcasita.

Bisulfuro de hierro, cristaliza en el sistema cúbico dando hermosos cristales de bellas formas y colores, plateados, amarillo latón o amarillo dorado, con extraordinario brillo metálico. Muy difundida en todo el planeta.

Piromorfita

Fosfato de plomo con adición de cloro, es de color verde amarillento, amarillo rojizo y más raramente blanco grisáceo. Abunda sobre todo en los Urales y se da también en América, Australia y China.

Piropo

Variedad de granate opaco, de color rojo fuego y de brillo suave, muy difundido en todo el planeta. En los montes Metálicos de Alemania, así como en Brasil, México y países escandinavos.

Pirrotita

Llamada también *pirita magnética*, es una piedra amarilla o parda de origen volcánico y hermoso brillo metálico. Se halla en la Selva Negra y en Noruega, Finlandia, Canadá, América y Sudáfrica.

Plagioclasa

Grupo de silicatos calcosódicos. Cristaliza en el sistema triclínico y se encuentran en los colores blanco grisáceo, amarillo, verde y rojo. Se encuentra en América, países escandinavos, Finlandia, Japón y otros países asiáticos.

Psilomelana

Esta piedra presenta características inclusiones esferoidales a modo de burbujas. Tiene color pardo oscuro o negro y se encuentra en la India, los estados de la ex Unión Soviética, América y el norte de África.

Rodocrosita

Espato manganoso, carbonato de manganeso de color rosa, rojo pardo o más raramente gris pardo, translúcido, de brillo vítreo, se halla prácticamente difundida en todo el mundo.

Rosa del desierto

Esta curiosa formación de las regiones desérticas se produce por evaporación de agua conteniendo sulfatos e inclusión de granos de arena, que pueden apreciarse claramente. Suele confundirse con las aglomeraciones en rosa de barita. Es de color pardo o gris ratón.

Su nombre proviene del latín y significa «rojo»; es la piedra más dura después del diamante, ya que se trata de la variedad cristalina del corindón.

Rubí

En Oriente dicen poéticamente que el rubí es «una gota de sangre del corazón de la naturaleza». Aunque más frecuentemente de color rojo intenso, se dan también ejemplares de tonalidad rosada o azulada. Transparente o translúcido, tiene el grado de dureza 9. Yacimientos en Sri Lanka, Birmania y Tailandia, así como en los Urales y en Australia.

Scheelita

Llamada también espato de tungsteno, por ser mena de dicho elemento, se encuentran ejemplares amarillos, grises, rojos o pardos, rara vez translúcidos. Abundante en Bolivia, Norteamérica y países escandinavos.

Serpentina

Silicato de magnesio hidratado, tiene color verde, verde amarillento o verde negruzco, a veces en masas de colores abigarrados que recuerdan la piel de las serpientes (de ahí el nombre). Se halla en los Urales, en Noruega, diversos países asiáticos y Australia.

Siderita

Llamada también *espato ferroso*, es un carbonato ferroso de color pardo amarillento, amarillo claro o pardo negruzco, y presenta notable brillo nacarado. Se encuentra en la región de los Alpes, en Groenlandia, China, África y Australia.

Smithsonita

Carbonato de zinc hidratado, se le llamó *la piedra de los aztecas*. De color pardo, castaño o verde, brillo vítreo, translúcida, a veces transparente, se halla difundida en todo el planeta.

Talco

Silicato básico de magnesio, la variedad compacta se llama *esteatita* o *jaboncillo de sastre*. Es de color blanco verdoso, amarillo verdoso, y muy blando (dureza 1 de la escala de Mohs). Se halla en China, la India, Corea y Rumania.

Topacio

Silicato alumínico fluorado, de bellos cristales rómbicos muy apreciados en joyería. En mineralogía se menciona además su pleocroísmo, es decir la reflexión múltiple de la luz. Hay también topacios rosados, rojos, verdes, azules, violetas e incoloros. No confundir con el *topacio oriental*, variedad amarilla del corindón. Se encuentra en Sajonia, Irlanda, países escandinavos, África, Brasil y Australia.

En la Antigüedad, nombre genérico de las gemas amarillas, incluyendo el zafiro amarillo.

Turmalina

Grupo de borosilicatos de aluminio que presenta numerosas variedades: incolora (*acroíta*), parda (*dravita*), verde o azul (*indigolita*), roja (*rubelita*), negra (*chorlo*) o verde saturado (*verdelita*). Presentan aspecto laminar y notables propiedades (piezoelectricidad, piroelectricidad, pleocroísmo). Se hallan en Sri Lanka, Madagascar, África, California y Brasil.

Los comerciantes holandeses trajeron a Europa los primeros ejemplares de turmalina procedentes de Sri Lanka; su nombre significa en cingalés «que atrae la ceniza».

Turquesa

Fosfato hidratado de aluminio, hierro y cobre. Muy apreciada como piedra preciosa, por desgracia es también muy sensible a la agresión de los jabones, los ácidos y la suciedad. Cristaliza en el sistema triclínico, es opaca y se presenta en los colores azul claro o azul verdoso, muchas veces veteada de pardo claro. Se encuentra en Alemania, Sajonia y Turingia, así como en Irlanda, países escandinavos, África, Brasil y Australia.

Era la gema de moda a mediados del siglo pasado, pero no deja de ser muy apreciada en joyería.

Varnadinita

Rara piedra de color amarillento, rojo o pardorrojizo, tiene brillo diamantino y es transparente o translúcida; se halla en África, España, Escocia y algunos países americanos.

Vesubiana

Silicato de aluminio y calcio, de origen volcánico según indica su mismo nombre, se da en gris, verde, rosa y rojo.

Vivianita

Fosfato de hierro monoclínico, se presenta en cristales translúcidos de color azul intenso y brillo vítreo o nacarado, extraordinariamente bellos. Muy difundida en todo el mundo.

Wulfenita

Molibdato de plomo, de cristales tetragonales muy delicados porque se exfolian con gran facilidad. De color amarillo, rojo amarillento o anaranjado, entre transparentes y translúcidos. Existe en América, Italia y varios países asiáticos.

Yeso

Sulfato cálcico hidratado, interviene en la formación de gran número de rocas, pero también se presenta como tal, cristalizando en el sistema monoclínico, a veces en cristales de gran tamaño. Llamado también *selenita*, tenemos numerosas variantes como el *alabastro*, el *yeso fibroso*, que es una aglomeración de cristales aciculados, o la *rosa del desierto*. Aparece en color blanco, rojo vivo o incoloro con brillo vítreo o nacarado. En sus numerosas variedades se encuentra en casi todos los países del mundo.

Zafiro

Es una variedad cristalizada del corindón y una de las piedras preciosas más valoradas. El color predominante es el azul, con diferentes matices más claros o más oscuros. Proviene de Sri Lanka, Tailandia, Madagascar, América, Australia o China.

Tiene la misma dureza que el rubí, ya que ambos pertenecen al grupo del corindón.

Zirconio

Mineral de origen volcánico; en joyería se emplean también las variedades de color rojo amarillento o rojo pardo (*jacinto*), las amarillas y las de color azul ahumado. Los cristales son translúcidos o transparentes, de brillo vítreo. Se hallan principalmente en Sri Lanka, la India, Tailandia, Madagascar, Brasil y Australia.

Aunque es de dureza bastante inferior a la del diamante, por su elevado índice de refracción y su extraordinario brillo suele ofrecerse como sucedáneo de aquél.

LAS PIEDRAS PRECIOSAS Y LOS SIETE CHAKRAS

LOS CENTROS ENERGÉTICOS Y SU ARMONIZACIÓN POR MEDIO DE LOS COLORES Y LAS GEMAS

Un niño se agacha, recoge los guijarros que le parecen más bonitos y los lleva durante semanas en el bolsillo. Para él tienen un valor individual inmenso. De mayores, sin embargo, olvidamos lo que de niños sabíamos instintivamente. Y es lástima, porque así hemos perdido la llave que nos franqueaba uno de los reinos de este mundo, que son tres: el vegetal, el animal y el mineral. Es preciso que los tres se hallen perfectamente armonizados, que haya concordancia entre todas las vibraciones, para que se equilibren lo físico y lo psíquico en el ser humano.

El reino mineral y los siete chakras

En el decurso de los últimos siglos, el hombre moderno ha perdido de vista el reino mineral. Cierto que nos preocupamos por los minerales de nuestra alimentación, que todos conocemos la necesidad de asimilar el hierro, el cinc y otros elementos no vegetales ni animales. En cambio tenemos en un olvido totalmente injustificado las virtudes de los minerales en su forma más noble, la que produce la misma naturaleza y la mano humana sabe mejorar y perfeccionar por medio de la talla y el pulimento. En esta era de Acuario, sin embargo, cobra renovada actualidad el conocimiento de los efectos de cristales y minerales sobre los siete centros energéticos del ser humano.

Podemos imaginar los siete chakras (palabra india que significa «ruedas») como estaciones emisoras-receptoras de radio o de televisión que envían al éter determinadas ondas o vibraciones.

Para ver o escuchar estas vibraciones, es preciso que el aparato receptor esté conectado, aunque las tengamos siempre a nuestro alrededor. Pues bien, aquí nos referimos a estas otras vibraciones que influyen sobre el bienestar físico y psíquico de todo individuo. Los siete centros energéticos tienen frecuencias diferentes e intercambian entre sí muchas y muy diferenciadas informaciones.

Las oscilaciones de los centros energéticos influyen a través de las glándulas de secreción interna en una serie de delicados procesos bioenergéticos. Cada uno de los chakras tiene una misión concreta que se realiza por medio de una frecuencia fundamental determinada, y estas frecuencias guardan una correspondencia definida con las de ciertos colores y minerales. Y todos los chakras deben colaborar entre sí.

Cuando se altera definitivamente este circuito de la interacción de los siete chakras se produce lo que la medicina moderna llama la muerte cerebral.

Para entender el efecto de los colores, de los minerales y de sus fuerzas sutiles sobre los chakras, conviene conocer la misión, la importancia y las correspondencias de los diferentes centros energéticos.

El chakra primero

Llamado también *muladhara*, chakra base o centro raíz, se localiza entre el coxis y la región genital. Su energía actúa sobre las funciones reproductoras, la potencia sexual y las glándulas sexuales, pero no exclusivamente, ya que controla todos los procesos necesarios para la supervivencia y más concretamente, en el plano físico, las indispensables funciones de hematogénesis (creación de la sangre) y regeneración de las estructuras celulares. El primer chakra es también origen de diversos peligros; por cuanto controla todas las necesidades sexuales, determina en buena medida nuestra voluntad lo cual da pie a toda clase de desviaciones. Las vibraciones deficientes originan adicciones de todas clases, por ejemplo errores alimenticios. Las correspondencias del centro base en lo somático son el ano, el recto y el intestino grueso; además controla la actividad hormonal de las glándulas suprarrenales.

El centro base guarda relación con la tierra y por tanto, con los deseos, las ideas y los anhelos del hombre en lo tocante a la procreación, la carrera profesional y la seguridad del porvenir. Las vibraciones del chakra base son densas, muy similares a las oscilaciones de la corteza terrestre.

Piedras que le corresponden: Rubí, granate, coral, jaspe rojo, jaspe sanguíneo, turmalina negra, obsidiana, ónice negro, cuarzo ahumado, hematita, rodonita.

Colores que le corresponden: En todas las culturas el rojo es el color de la vida, de la vitalidad contagiosa. Se ha comprobado que las plantas iluminadas con luz roja crecen hasta cuatro veces más que aquellas que reciben luz normal. En cambio el verde y el azul retrasan el crecimiento de las plantas.

El chakra segundo

Llamado también *swadisthana*, chakra del sacro, o chakra del bazo, regula el flujo de todos los líquidos del organismo, como la linfa, la sangre, el sudor y las lágrimas. Asimismo controla los procesos de digestión y asimilación, incluyendo por ejemplo la secreción de los jugos gástricos.

A su vez estos jugos tienen poderosa influencia sobre el aura humana, y esa influencia la captan las personas, los animales y las plantas que nos rodean. Este centro energético suministra además los impulsos de perfeccionamiento de la motricidad y del movimiento corporal.

Cuando las vibraciones de este chakra se hallan en armonía, los movimientos son fáciles y equilibrados, y el individuo manifiesta una especie de gracia felina.

Piedras que le corresponden: Carnalita, ópalo de fuego, wulfenita, citrina, jaspe anaranjado, berilo.

Colores que le corresponden: El color simbólico del segundo chakra es el anaranjado, caliente y positivo. Intermedio entre el rojo y el amarillo, este color rige la alimentación y la circulación. El rojo significa la personalidad, y el amarillo la inteligencia y la sabiduría del hombre.

Cuando las proporciones son las correctas el individuo se halla en posesión de sus facultades y motivado para ponerlas al servicio de los demás. En caso de disonancia produce seres amargados y resentidos. Los fluidos vitales circulan con dificultad.

El chakra tercero

Es *manipura* o el chakra del plexo solar, o chakra umbilical. Incluso en el ámbito de la cultura occidental reviste una función central el chakra del plexo solar, si tenemos en cuenta su importancia, por ejemplo, para la relajación autógena. En el plano físico se vincula con la vesícula biliar, por lo cual entendemos que funciona como iniciador y catalizador, o como el gerente de una gigantesca compañía química. Este centro preside la asimilación de todos los nutrientes que ingerimos, y que deben descomponerse en moléculas aptas para nuestro metabolismo. Pero el tercer chakra es algo más que una planta de proceso químico, puesto que además funciona como centro de distribución de las energías. Las vibraciones energéticas recibidas de los alimentos se reparten a los demás centros o chakras.

Es frecuente que no se le conceda la importancia que merece en tanto que rector del sistema nervioso vegetativo.

Todavía asume otra función el tercer chakra, y no menos importante, la de situarnos intuitivamente en relación con nosotros mismos y con la impresión que causamos a los demás; es decir que dependen de él los altibajos de nuestra autoestima.

Piedras que le corresponden: Citrina, topacio, apatita, azufre, calcita, ojo de tigre (cuarzo dorado), cuarzo rutilo, turmalina amarilla.

Color que le corresponde: El color del tercer chakra es el amarillo, el color de la inteligencia. Sus vibraciones positivas son estimulantes e influyen, por ejemplo, sobre la actividad cerebral. De ahí que sea importante la armonía de las vibraciones del plexo solar. En caso de disonancia pueden producirse depresiones o irritaciones de todo el sistema nervioso, en algunos casos incluso parálisis del aparato motor.

El chakra cuarto

Llamado también *anahata* o chakra del corazón. Se localiza en el centro del pecho, a la altura de dicho órgano, e influye en todos los procesos vitales relacionados con el vigor del corazón. Además está vinculado con la glándula timo, debe tenerse en cuenta su influencia sobre el sistema inmune para todo el organismo. El chakra cordial, para el desarrollo de sus funciones, precisa un gran número de fuerzas tonificantes, regeneradoras y transformadoras; en tanto que centro del amor y de la armonía, que nos permite percibir la belleza y el equilibrio de la naturaleza (y percibirnos a nosotros mismos como parte de ella), es determinante para la curación y para la facultad de compadecerse de los demás. Quiere esto decir que está muy expuesto, que son muchos los influjos negativos que pueden afectarle. Cuando nos atormentan en secreto las emociones reprimidas y los sucesos que hemos desterrado a los confines del subconsciente, el complicado sistema vibratorio de los siete chakras padece, y es posible que lleguemos a sufrir una dolencia grave con secuelas físicas y psíquicas. Por tanto las anomalías del chakra cuarto deben tomarse siempre muy en serio y someterse sin demora a tratamiento de cromoterapia combinada con el uso de las gemas. El alivio será inmediato y enorme.

Otra peculiaridad de este chakra es su vinculación con el amor al prójimo, entendiendo por tal esa forma de amor que no depende de ningún deseo material, sexual o egoísta. Es la energía que sirve de fundamento a toda la vida espiritual del ser humano; de ella beben todas las ideas, todos los deseos, todas las meditaciones que constituyen lo más elevado de la vida humana.

Piedras que le corresponden: Aventurino, crisocola, crisoprasa, crisoberilo, crisolita (olivino, peridoto), ágata musgosa, malaquita, esmeralda, calcita, turmalina rosa, jade, rodonita, rodocrosita, cuarzo rosa, cuncita, corales.

Colores que le corresponden: Las vibraciones sedantes de la gama de los verdes son los colores que guardan correspondencia con el cuarto chakra. Como se sabe, el mejor curativo para el sistema nervioso son las vibraciones lumínicas correspondientes a los distintos tonos verdes de la naturaleza. El verde es el color central del arco iris, y de ahí su función mediadora. Fomenta la renovación de las energías vitales y regenera los centros energéticos después de los estados de agotamiento.

El chakra quinto

Es el chakra *visuddha* o chakra del cuello, o de la garganta, llamado también el centro de la comunicación. Este centro de energía se localiza en la laringe y en el plano corporal afecta a las funciones de las glándulas tiroides y paratiroides, ambas de gran trascendencia por lo que concierne al bienestar físico. De la tiroides depende en gran medida, por cierto, si vamos a pasar la jornada deprimidos, apáticos y flemáticos, arrepintiéndonos de haber abandonado las sábanas e incapaces de tomar ninguna decisión, o bien abordaremos el día confiados en nuestros propios recursos, alegres, optimistas y dispuestos a encarar cualquier dificultad.

En la región controlada por el quinto chakra se hallan también las cuerdas vocales. El centro *visuddha* no sólo afecta a la voz sino también a lo que manifestamos con ella y cómo lo hacemos. El aplomo, los titubeos, los engaños, las alegrías, las penas, todo pasa por la voz. Las corrientes y las vibraciones del quinto chakra modulan la emisión de nuestra voz y la fuerza de la palabra. Especialmente delicado, pues, para cantantes y actores, que son las personas que tienen más desarrolladas las vibraciones del quinto chakra, pero también las que sufren los altibajos más fuertes.

Piedras que le corresponden: Calcedonia, amazonita, celestina, crisocola, turquesa, aguamarina, topacio noble azul, fluorita, ópalo y además las perlas y la piedra lunar.

Colores que le corresponden: El azul, que es el color del cielo, del espacio infinito y del tiempo infinito. Las vibraciones del azul son refrescantes, sedantes y curativas. El azul es el color de la inocencia y el chakra de la garganta es el centro de la pureza; las longitudes de onda correspondientes a la gama de los azules promueven la inspiración ética.

El chakra sexto

Llamado *ajna-chakra* o frontal, tercer ojo o chakra del control; hallamos su posición un dedo por encima del arranque de la nariz. El nombre de «tercer ojo» proviene de la consideración de este chakra como centro de la intuición, la facultad de captar las cosas en su totalidad haciendo abstracción de los detalles, de alcanzar el conocimiento de las cosas previo a la reflexión. En él reside la conciencia original de la diferencia entre el bien y el mal.

En el plano corporal, el sexto chakra influye directamente sobre la glándula hipófisis, que funciona como centro coordinador de todo el sistema endocrino. En caso de discordancia de estas corrientes y vibraciones es inmediata la repercusión en lo físico y lo psíquico; las glándulas sobreexcitadas incrementan su secreción a tal extremo que el organismo no puede asimilarla, lo cual lleva al colapso de diversas funciones. En algunos casos, más bien raros, puede suscitarse un estado de clarividencia, de conocimiento inmediato de las fuerzas divinas que actúan sobre la naturaleza del ser humano.

Piedras que le corresponden: Sodalita, azurita, lapislázuli, fluorita, ojo de halcón, sugilita, amatista y cristal de roca.

Colores que le corresponden: El índigo es el color de lo misterioso y de la mística. Expulsa de la conciencia todo lo malo y pernicioso y abre espacios al pensamiento libre. El índigo excita el subconsciente y puede proporcionarnos acceso a mundos que teníamos olvidados, lo cual ofrece la posibilidad de restablecer el equilibrio de este centro en caso de disonancia.

El chakra séptimo

Es el chakra corona o *sahasrata*, el «loto de los mil pétalos». Situado en la cima del cráneo, el chakra corona hace posible la comunicación directa con el cosmos, la superación de la frontera entre el individuo y la totalidad de lo creado. Cuando se activa este centro de energía se puede llegar a la perfección suprema, a la sabiduría y a la paz psíquica y espiritual. En lo corporal influye sobre la epífisis o glándula pineal, alojada en el centro del cerebro. La ciencia todavía no conoce con precisión las funciones de este órgano, aunque se sabe que influye sobre los mecanismos del crecimiento corporal durante los años de formación. Como además está conectada a la red de circulación de los «humores» corporales, podemos estar seguros de que todavía quedan muchas funciones por investigar.

Piedras que le corresponden: Azurita, heliodoro, selenita, cuarzo incoloro, diamante, fluorita.

Colores que le corresponden: A este chakra se le asignan tres colores diferentes: el violeta, el dorado y el blanco. El violeta es el color cuyas vibraciones tienen el máximo nivel energético, de donde este chakra extrae la inspiración necesaria para las realizaciones artísticas y para la percepción de las inspiraciones divinas y de la sabiduría clarividente. El blanco es el color del intelecto transparente, y mencionemos aquí que el cristal de roca era la piedra del santo Tomás de Aquino. El oro es el color de la lluvia de estrellas y de la luz solar que nos comunica la fuerza vital.

LAS PIEDRAS PRECIOSAS A NOSOTROS CONFIADAS

Cómo guardar y conservar las piedras preciosas y los cristales

Toda piedra y todo cristal contienen energías. El hombre debe retornar a sus orígenes y aprender a conocer las virtudes calladas y sutiles de los minerales. Lo mismo que un recién nacido, reclaman cariño y respeto, pues lo mismo que nosotros captamos positiva o negativamente sus vibraciones, ellos también absorben nuestros pensamientos y sentimientos positivos o negativos.
Acerquémonos, pues, a los distintos minerales en la actitud adecuada, para poder aprovechar las energías que emanan de ellos, y sepamos tratarlos correctamente.

Las piedras preciosas y los cristales aman la luz y el agua

Sin agua no hay vida. Los pueblos primitivos conocieron la virtud del agua y sus propiedades terapéuticas. Y la medicina moderna también las utiliza; los balnearios vuelven a ponerse de moda y proliferan los centros de hidroterapia.

Los minerales también son sensibles a estas fuerzas que lavan y sanan nuestro organismo, curan fiebres y eliminan toxinas. El agua siempre debe ser corriente; las aguas estancadas implican corrupción, inmovilidad, falta de progreso, indicando que los flujos de energía se mueven bajo frecuencias mínimas.

Mientras nosotros absorbemos las energías positivas del mineral, a su vez éste capta nuestras energías negativas, en parte enfermas, y puede convertirlas en positivas, pero sólo en parte. Hay que ayudarles a rechazar tal exceso de corrientes negativas y de fuerzas destructivas. Para ello, todos los minerales precisan la fuerza regeneradora del agua. Los hechiceros africanos e indios, los chamanes asiáticos y en general todos los sanadores de los pueblos naturales solían purificar sus piedras mágicas bañándolas durante varios días en el agua de un arroyo o río; eran éstos lugares sagrados que nadie más podía pisar, aparte el sacerdote-taumaturgo, lo más cerca del manantial que fuese posible, a fin de garantizar la pureza del líquido. Algunas culturas

Las piedras preciosas y los cristales aman la luz y el agua

idearon colocarlas en cestas o cedazos para que no se perdiesen arrastradas por la corriente. A veces el chamán se quedaba junto a sus piedras durante largos días, sumido en una especie de trance.
Seguidamente se ponían a la luz del sol o de la luna siguiendo rituales precisos. En nuestros tiempos apenas sería posible proceder a estas operaciones de purificación y regeneración de las piedras preciosas y de los cristales; sin embargo necesitan algunos cuidados que nosotros estamos en condiciones de prodigarles.
Las piedras se purifican colocándolas tres horas bajo agua corriente; de no ser esto posible, las pondremos en agua con sal marina. Antes de sacarlas nos purificaremos nosotros mismos. Con la piedra descansando en el hueco de la mano, cerramos los ojos y procuramos evocar mentalmente el color y la forma del espécimen.
A continuación les sacaremos brillo con un paño suave, y por último conviene ponerlas al aire libre para que tomen el sol. La fuerza purificadora del agua y la clara luz solar regeneran con sus vibraciones las energías de la piedra y sus virtudes terapéuticas.
También podemos recargar la piedra con nuestra propia energía curativa. Para ello tomamos el espécimen en la mano, cerramos los ojos y le transferimos dicha energía. Se trata de visualizar un rayo de luz clara que entra en nuestro organismo a través del chakra *sahasrata* o corona, el cual conduciremos a través del chakra cordial hacia el brazo, la mano y la piedra.
Al hacerlo es fundamental no restar de las energías propias, sino tomarlas de la luz universal, de la energía cósmica. Este tratamiento comunica resplandor a los minerales y a los cristales, y los enriquece en vibraciones favorables.

El arte de posicionar las piedras

La fuerza sutil de las piedras puede enriquecer con su luz y su color las energías áuricas. Cuando sobreviene el malestar pocos aciertan a interpretar correctamente los síntomas, porque desconocemos las causas originarias de ese malestar. Incluso la medicina moderna fracasa con frecuencia en el intento de descubrirlas y recurre entonces al cajón de sastre de las dolencias «psicosomáticas». Tratamos los síntomas pero no las causas.

La mayoría de las veces, las causas se retrotraen a la infancia. La afectividad herida, las experiencias mal asimiladas por el niño, todas las cosas que se relegan al inconsciente, tarde o temprano regresan para desencadenar conflictos, y tal vez enfermedades. El aura se halla trastornada, como si se hubiese enturbiado y no dejase pasar las vibraciones y los colores.

El remedio a las angustias psíquicas

Toda esta acumulación de conflictos no resueltos, deseos reprimidos y sueños no realizados carga sobre los órganos especialmente predispuestos.

El corazón y los pulmones son sensibles a las preocupaciones agobiantes y a las penas; el riego sanguíneo empeora y la vitalidad de estos órganos disminuye.

El hígado soporta mal los enfados y las injusticias, lo cual merma su capacidad para filtrar las toxinas y las impurezas de la sangre.

El estómago acusa infaliblemente el efecto de los temores secretos y de las fobias; cuando la angustia se hace demasiado intensa, algunos desarrollan úlceras, otros resultan víctimas de la anorexia y aun otros se entregan a los excesos y engordan.

El poder terapéutico de los minerales permite descubrir cuál es el campo energético alterado, y restablecer su equilibrio.

Esta sabiduría antigua irá cobrando cada vez más importancia conforme vamos entrando en la era de Acuario. Al purificar su aura, el hombre se libra de esos temores íntimos, esos conflictos y apuros, y así se abren de nuevo los manantiales de la virtud curativa, reactivados por la acción de la luz y de los colores.

Una vez superadas las pautas mentales erróneas que nos enferman, los colores, las piedras y los cristales nos ofrecen la oportunidad de abordar nuevos caminos. Sentimos dentro de nosotros el vigor necesario para tomar nuevas decisiones, abrimos nuestro espíritu a la compasión y transmitimos esta energía renovada a todo cuanto nos rodea. La virtud resplandeciente de la luz y del color nos enseña a amarnos a nosotros mismos, intensifica el aura y acelera el flujo de las energías entre los siete chakras.

Cobrando energía para dar sentido a la vida
La curación por medio de las piedras convierte la luz en una forma mineral que actúa como un catalizador para los centros nerviosos. Las frecuencias lumínicas intensificadas ahuyentan las sombras que trastornan el aura y se expresan en forma de pensamientos negativos, conflictos no resueltos y deseos reprimidos.
El sentido y la utilidad de la curación mediante las piedras y los colores consiste en ayudar al ser humano y lograr la armonización de las fuerzas físicas, psíquicas y espirituales, requisito necesario para hallar la sabiduría y la plenitud de la vida.
Las piedras preciosas que nos transmiten sus fuerzas curativas, armonizantes y tonificantes nos prestan un servicio inmenso; por tanto debemos respetarlas y valorarlas, cuidarlas con cariño, a cambio de la armonía, la belleza, la pureza y la claridad que nos aportan.
Cuando nos abrimos con amor y respeto a un ser cualquiera, animal, mineral, planta o semejante humano, él pondrá sus bienes a nuestra disposición.

LAS PIEDRAS PRECIOSAS, NUESTRO AUXILIO

Las aplicaciones de las gemas y sus efectos en cuerpo y espíritu

Si queremos que los minerales sean auxiliadores y amigos tendremos que tratarlos como tales. Y no sólo en cuanto a limpieza y cuidados, ya descritos en el capítulo anterior, sino en un sentido general. Cada piedra quiere ser tratada e incluso tocada de una manera especial, lo mismo que distinguimos entre amigos de tuteo y amigos a quienes tratamos de usted. Cuando dos personas se entienden bien decimos que «sintonizan» o «están en la misma longitud de onda». Pues al tratar con las piedras también hay que ponerse en la longitud de onda. Para orientarnos en ese terreno es útil recordar las experiencias y los resultados obtenidos en otras culturas.

Las piedras y sus aplicaciones

Damos en las páginas siguientes un cuadro de consulta rápida, que permite identificar la piedra o el cristal idóneos para las diferentes aplicaciones, en lo que no sólo consideramos las afecciones de la salud corporal sino también los estados de ánimo.

Se verá también cuáles son las regiones corporales directamente afectadas y cómo se puede influir sobre ellas, aunque teniendo en cuenta que los resultados dependen de muchos factores que no pueden resumirse en la forma abreviada de una tabla. Por eso añadimos a ésta una descripción detallada de cada piedra con sus aplicaciones.

CÓMO ELEGIR LAS PIEDRAS Y LOS MINERALES

- *ante afecciones de la salud*
- *para tonificar las funciones corporales*
- *para superar crisis vitales*

Remedio o solución para	*Su efecto sobre el cuerpo y el espíritu*	*Piedra recomendada*
Abatimiento	ayuda a olvidar las cuitas del pasado, confiere aplomo y optimismo	ónice
Agotamiento	reconstituye y aporta nuevas energías espirituales	pirita
Agresividad	la atenúa y sosiega el ánimo	berilo
Alcoholismo	estimula el apetito y estabiliza la vida psíquica	amatista
Alergias	potencia las defensas del organismo y el sistema inmune, efecto sedante	zafiro
Anemia	mejora el recuento de hematíes	pirita de hierro
Angustia, estados de	consuela y mejora la confianza en uno mismo	aventurina
Aplomo, confianza en sí mismo	mejora la autoestima y la valentía	lapislázuli
Arritmias cardíacas	promueve el sosiego y la tranquilidad; acción sedante	aventurina
Asma	descongestiona los bronquios y tranquiliza	ámbar

Remedio o solución para	Su efecto sobre el cuerpo y el espíritu	Piedra recomendada
Aterosclerosis	regula el intercambio de iones minerales	calcita
Autoestima	potencia el amor propio y confiere energía	amatista
Cálculos renales	acción preventiva	jade
Cefalalgias	analgésico y sedante	rubí
Cerebro, lesiones	activa la circulación cerebral, tranquiliza, potencia la fuerza de voluntad	fluorita
Cicatrices	ayuda a reducir las secuelas y reduce la hinchazón	calcita
Cicatrización de heridas	favorece la regeneración celular y la voluntad del convaleciente	hematita
Circulación, anomalías de la	favorece la armonización, fomenta la atención a todos los flujos corporales	granate
Comatosos, pacientes	activa los flujos energéticos del organismo, vigoriza la voluntad claudicante, sosiega	fluorita
Concentración, falta de	fomenta el riego sanguíneo cerebral, la clarividencia, evita las distracciones	azurita
Contusiones	reduce la hinchazón	cuarzo rosado
Corazón, anomalías del	efecto sedante y equilibrador	cuarzo rosado

Remedio o solución para	Su efecto sobre el cuerpo y el espíritu	Piedra recomendada
Crecimiento, anomalías del	ayuda a la acción de la glándula timo y confiere autoestima y confianza	azurita, adularia
Debilidad general	favorece el riego sanguíneo, renueva las energías, evita la indiferencia	ágata musgosa
Decepciones a perdonar	consuela, serena y ayuda	aventurina
Dentales, afecciones	remite la inflamación y ayuda a curar inflamaciones	aguamarina
Depresiones	restablece el equilibrio y la confianza en uno mismo	ónice, cuarzo ahumado, rubí
Desánimo, desgana	renueva las energías intelectuales y espirituales	pirita
Desintoxicación, curas de	depura la sangre y limpia la piel, mejora la resistencia física	jaspe
Diabetes	estabiliza la secreción de insulina, comunica sosiego espiritual	citrina
Diarreas	frena el peristaltismo, depura el espíritu	cristal de roca
Difteria	reduce las hinchazones	aguamarina
Diurética, acción	estimula la actividad de los riñones	jade
Ecológica, conciencia	ayuda a entender la naturaleza y favorece la capacidad de intuición	ágata musgosa

Remedio o solución para	Su efecto sobre el cuerpo y el espíritu	Piedra recomendada
Edad, molestias de la	potencia el riego sanguíneo y el metabolismo, tonifica las facultades intelectuales	esmeralda
Embarazo	tranquiliza y confiere optimismo cara al porvenir	ágata
Epilepsia	sedante y estabilizadora	ágata
Equilibrio, anomalías del	activa el sistema nervioso vegetativo, suscita sensación de armonía	turmalina
Escalofríos	favorece la circulación	jaspe
Esclerosis múltiple	retarda los accesos de la dolencia, atenúa el dolor y mejora la confianza en el porvenir	lapislázuli, cuarzo rosado
Espalda, dolores de	relaja la musculatura, acción antiespasmódica	aguamarina
Espiritualidad	sensibiliza las fuerzas ocultas	amatista
Estrés	sosiega la respiración, mejora la tolerancia, fomenta la capacidad para relajarse	amatista
Fatiga	tranquiza y reequilibra	calcita
Feminidad	favorece la secreción de las hormonas femeninas, suaviza el carácter, lo hace maternal	adularia
Fiebre	acción febrífuga	crisocola

Remedio o solución para	Su efecto sobre el cuerpo y el espíritu	Piedra recomendada
Frigidez	contrarresta los bloqueos del sistema linfático, relaja, restaura el deseo	granate, rubí
Frío en extremidades	potencia la circulación y despierta los espíritus vitales	jaspe
Glandulares, afecciones	efecto atenuador y sedante	cristal de roca
Gota	efecto analgésico	crisoprasa
Gusto, anomalías del	sensibiliza los nervios y reequilibra la percepción	topacio
Hierro, déficit de	mejora la asimilación de los alimentos, potencia el metabolismo	hematita
Hígado, debilidad del	mejora el metabolismo	carnalina
Hiperactividad	controla los impulsos eléctricos del cerebro, con efecto sedante y equilibrador	sodalita
Hipertensión	reduce la tensión y sosiega el ánimo	granate, turmalina
Impotencia	mejora el riego sanguíneo y la secreción hormonal, activa el deseo	rubí
Incomunicación	efecto liberador	calcedonia
Inconsciencia	reconstituyente, y despierta la sensibilidad hacia los sentimientos de los demás	ágata

Remedio o solución para	Su efecto sobre el cuerpo y el espíritu	Piedra recomendada
Indecisión	favorece la expresión de los deseos reprimidos	ópalo
Indigestión	favorece la actividad gastrointestinal, efecto antiespasmódico	crisocola, ópalo
Infelicidad	mejora la confianza en uno mismo y confiere aplomo	ágata
Inmune, sistema	efecto reconstituyente	ámbar
Insomnio	favorece la relajación y promueve sueños agradables	amatista
Inteligencia	favorece el riego sanguíneo cerebral y mejora la facultad de concentración	zafiro
Intemperies, sensibilidad a las	estabiliza el metabolismo, reequilibra la tensión sanguínea demasiado alta o demasiado baja	ónice
Intestinales, dolencias	restablece el equilibrio, destruye gérmenes patógenos, efecto sedante	cristal de roca
Intoxicación	depura, favorece la eliminación de tóxicos	berilo
Intrigas	amuleto contra la maledicencia y los falsos amigos	granate
Invernal, depresión	mejora la irrigación sanguínea y activa el metabolismo	topacio
Jaquecas	acción analgésica y anticonvulsiva, sedante	rubí

Remedio o solución para	Su efecto sobre el cuerpo y el espíritu	Piedra recomendada
Linfáticos, bloqueos	favorece la circulación linfática y la reequilibra	adularia
Meditación inconsciente	confiere sabiduría, revela lo que se oculta	fluorita
Melancolía	elimina bloqueos mentales y mejora la confianza en el futuro	ámbar
Menopausia	evita o reduce los «calores», restablece el equilibrio psíquico y mejora la autoestima	diamante
Mentalidad rígida	estimula la receptividad para las ideas nuevas	azurita
Náuseas	favorece la secreción de los jugos gástricos, evita la sensación de sofoco	jaspe
Nostalgia, morriña	restablece la relación del hombre con sus orígenes, le predispone a asumir las nuevas experiencias, atenúa la sensación de angustia	ojo de tigre
Oídos, dolor de	analgésico y relajante	jaspe
Ojos enrojecidos	limpia y devuelve el brillo a la mirada	lapislázuli, esmeralda
Palabra, facilidad de	mejora la facultad de concentración y favorece la fluidez de expresión	calcedonia
Paperas, parotiditis	baja la inflamación	topacio

Remedio o solución para	Su efecto sobre el cuerpo y el espíritu	Piedra recomendada
Partos	relaja durante los dolores y confiere confianza en una misma	crisocola
Partos prematuros	baja la tensión sanguínea, armoniza la respiración y ejerce acción sedante	crisocola, ágata
Perseverancia, falta de	la vigoriza	ágata
Picaduras de insectos	baja la inflamación, alivia el prurito	ágata
Piel, anomalías en general	tranquiliza, relaja, calma el prurito y despeja bloqueos psíquicos	aguamarina
Piel, asperezas	acción suavizante y mejora de la confianza en uno mismo	ágata
Piel, irritaciones	acción curativa	malaquita
Piel, rojeces	acción reequilibradora	ágata
Problemas de la vida	amplía los horizontes espirituales	azurita
Pronunciación, defectos de	corrige la articulación lingual, alivia la timidez	turquesa
Prurito, picores	refresca la piel, descongestiona, alivia el nerviosismo	malaquita, azurita, peridoto
Pulmonares, infecciones	potencia las defensas y tiene acción expectorante	ojo de tigre

Cómo elegir las piedras y los minerales

Remedio o solución para	Su efecto sobre el cuerpo y el espíritu	Piedra recomendada
Resfriado	descongestiona las mucosas y mejora la inmunidad	ojo de tigre
Reuma	analgésica y favorecedora de la motilidad	carnalina
Sarampión	reduce la fiebre, mejora las defensas y confiere paciencia	topacio
Senos fláccidos	embellece y tonifica la musculatura y el tejido conjuntivo	azurita
Sensibilidad artística	despierta la percepción de los sentidos	malaquita
Sensibilidad musical	agudiza los sentidos y la capacidad de percepción	malaquita
Sensibilidad ante la naturaleza	agudiza los sentidos y abre los ojos a la belleza del mundo	aguamarina
Sexuales, órganos	vigoriza y libera	ágata
Sexualidad	vigoriza y favorece la entrega amorosa	granate
Sociabilidad	comunica comprensión y sentido de la responsabilidad social	fluorita
Tabaquismo	durante la deshabituación ayuda a paliar la necesidad de satisfacciones sucedáneas, tranquiliza y potencia la voluntad	diamante, ónice
Tartamudez	alivia la angustia y el agarrotamiento	calcedonia, turquesa

Remedio o solución para	Su efecto sobre el cuerpo y el espíritu	Piedra recomendada
Tendinitis	beneficioso para los tejidos, abrevia la curación	jaspe
Tensión, estrés	clarifica la emotividad	amatista
Timidez	mejora la autoestima y la presencia de ánimo	pirita de hierro
Tortícolis	analgésica y relajante	aguamarina
Tos	expectorante y mucolítico	ámbar
Toxinas, eliminación de	depura el cutis, mejora el bienestar, comunica confianza y autoestima	amatista
Tristeza	consuela y anima, comunica nuevas fuerzas	crisoprasa
Vientre, dolor de	acción sedante y estímulo de la actividad intestinal	rubí
Virilidad	favorece la secreción de hormona masculina y fomenta la decisión y la iniciativa	adularia
Vista cansada	efecto refrescante	aguamarina, berilo
Vista débil	vigoriza la musculatura ocular y tonifica los nervios	cristal de roca, ónice
Voz	relaja las cuerdas vocales y aumenta la confianza en uno mismo	calcedonia

Adularia

La adularia con su luz misteriosa, que con frecuencia no se observa sino después de darle muchas vueltas y contemplarla desde muchos ángulos, suele despertar en el ser humano la conciencia dormida de su propia emotividad. En particular nos ayuda a comprender mejor al sexo opuesto, ya que todos llevamos dentro de nosotros algo de eso, hombres o mujeres. La mujer que luce la adularia o piedra lunar potencia sus energías femeninas, la intuición, el carácter maternal, la ternura, la indulgencia.
La adularia hace crecer el amor y le confiere profundidad. Las mujeres árabes creen que garantiza la progenie numerosa, por lo que cosen estas piedras en sus vestidos.
Desde el punto de visto terapéutico, facilita la circulación linfática. Colocada sobre las hinchazones o inflamaciones ayuda a reducirlas, aunque después de esta aplicación hay que purificar la piedra y dejarla en reposo una temporada; de lo contrario se volvería opaca y perdería su virtud.
En caso de desarreglos hormonales se recomienda un elixir obtenido mediante inmersión de la piedra durante una hora en una infusión de muérdago recién hecha. De este elixir se tomarán varios sorbos repetidas veces al día. Después de prepararlo debe purificarse la piedra y la pondremos unas horas al sol.
La adularia también tiene acción sobre la glándula timo, de ahí que sea aconsejable en caso de anomalías del crecimiento.

Ágata

Apreciada ya entre los sumerios hace 3.000 años como clásica piedra salutífera y de la buena suerte. En la Roma republicana sólo podían tenerlas los patricios. Después de la batalla de Cannas el general vencido fue despojado de su valioso collar de ágatas y éste fue paseado en procesión por toda Cartago como lo más destacable del botín de guerra.
El ágata tiene los más bellos colores de la tierra: el de las arenas del desierto y el de las tierras negras, el gris de las rocas, el nacarado del

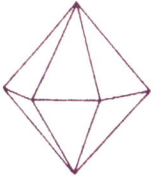

mar en calma, el azul claro de los cielos nórdicos. Es la piedra telúrica, suave y poderosa, que nos pone en contacto con las vibraciones de la tierra y nos permite conservar nuestra autoestima, permanecer próximos a la naturaleza y, al mismo tiempo, fieles a nosotros mismos. El ágata nos recuerda que debemos pensar en nuestro propio cuerpo y tratarlo con la debida consideración.

Son especialmente potentes las ágatas con inclusiones cristalinas. Protegen aquello que está por nacer, sea una criatura en gestación o una idea artística que está madurando.

La curación por las piedras, es decir la litoterapia, emplea el ágata para curar las afecciones de la piel. Se escoge un disco de ágata, en el que predominen los tonos ocres y castaños, y se coloca sobre la irritación, la aspereza o la picadura de insecto.

También sirve para tonificar los órganos sexuales y es muy beneficiosa para las embarazadas por su acción protectora sobre la vida en formación. Inspira confianza en el futuro, sosiega a la gestante y disipa sus temores y sus dudas.

Cuando se lleva en forma de dije, colgante, etc., hay que ponerla sobre la piel desnuda para que se caliente, ya que así desarrolla al máximo sus vibraciones.

A los epilépticos y a los lunáticos les recomendaba Hildegarda von Bingen que sumergiesen un ágata breves instantes en cada vaso que se dispusieran a beber.

Los elixires así obtenidos calman los dolores y restablecen la armonía de las vibraciones en los centros de energía, devolviendo el divino equilibrio de la Creación entre espíritu, materia y naturaleza.

Ágata musgosa

Es una variante de la calcedonia y se vincula al cuarto chakra, o centro cordial. Confiere serenidad y vigor al ser humano, por cuanto le permite intuir las correspondencias profundas de la naturaleza. Y así como toda planta y todo animal tienen su lugar asignado y su papel, siempre importante, en el decurso de la evolución, el ágata musgosa nos recuerda que también nosotros hemos venido a cumplir una misión, y nos inspira seguridad y confianza en nosotros mismos. Al mismo tiempo despierta el sentido de la responsabilidad que le incumbe al ser humano frente a los vegetales y a los animales, para que no destruyamos absurdamente el medio ambiente y abramos los ojos a las bellezas del mundo natural. Los indios americanos, entre otros, la tenían en gran estima. Sus vibraciones son muy delicadas y por consiguiente la piedra debe ser tratada con mucho cuidado.

En litoterapia se emplea para combatir los estados de debilidad y los desequilibrios. La fatiga profesional extrema, la falta de ejercicio al aire libre y los errores de alimentación producen nerviosismo, jaquecas, desasosiego íntimo e insomnio. Para recobrar la tranquilidad y el equilibrio se aconseja la exposición integral al aire libre, colocando el ágata musgosa sobre el chakra cordial.

Después de este tratamiento es imprescindible purificar la piedra bajo el agua corriente y ponerla al aire libre para que recargue energía, pero no a pleno sol. En la situación idónea, expondríamos la piedra a la sombra de un árbol frutal joven, lo cual intensifica sus vibraciones y potencia al máximo la virtud terapéutica.

Aguamarina

El azul celeste, el color del cielo en verano, o de un manantial claro de montaña, ensancha el corazón y el alma y nos hace receptivos para las bellezas de la naturaleza. El que quiera volver a encontrar el camino de su alma infantil más recóndita, emprender la exploración de su inconsciente, que tome un aguamarina y la haga resplandecer al sol en toda su hermosura. El aguamarina despliega lo mejor de sus cualidades al aire libre, ya que beneficia a sus vibraciones la libre interacción de los elementos aire, agua, luz y tierra.

No debe llevarse jamás debajo de la ropa, ni encerrarse a oscuras en joyeros, ni languidecer en habitaciones sin luz, pues en estas condiciones pierde pronto su brillo y su esplendor. En particular el aguamarina exige purificaciones frecuentes en agua corriente. Pero basta ese mínimo cuidado para que despliegue ante nosotros los caminos de la bondad y la belleza potencialmente presentes en todo ser humano. Conscientes de ello, superamos con mayor facilidad las penas y las preocupaciones; la confianza en uno mismo hace fuerte y permite vencer las dificultades cotidianas.

También las artes de la curación aprecian la eficacia de las vibraciones del aguamarina, dada su intensa acción sobre el chakra quinto, el de la garganta o *visuddha-chakra*. Por ejemplo, contra el dolor de muelas inflamatorio, introdúzcase un espécimen de aguamarina en la boca y al cabo de pocos minutos bajará la inflamación y, por consiguiente, el dolor.

No obstante, como la piedra absorbe durante tal tratamiento una gran dosis de vibraciones negativas del organismo, es preciso regenerarla después de cada sesión por medio de una purificación prolongada, en ausencia de la cual perdería brillo y transparencia.

En caso de torceduras que afecten a la musculatura de la nuca o de la espalda, es eficaz llevar un aguamarina colgada de una cadena al cuello, pero cuidando de que dicha cadena sea de un material puro. Las cadenas de plata u oro están contraindicadas ya que siempre contienen un metal de aleación; es preferible un hilo de algodón o una correa fina de cuero.

El aguamarina devuelve el brillo a los ojos fatigados. Para ello se colocan unos ejemplares pequeños sobre los párpados cerrados.

Lo mismo que la amatista (*véase*), el aguamarina sirve para elaborar elixires de probada eficacia contra las afecciones de la piel. En caso de quemaduras causadas por un baño de sol excesivamente prolongado, se obtiene un rápido alivio lavando las partes afectadas con agua tratada de esa manera.

Amatista

Las amatistas con su color violeta aúnan el rojo del fuego y de la vida con el azul de la serenidad y de la pureza de espíritu. En el violeta se unen el cielo y la tierra, el hombre y la mujer, lo positivo y lo negativo. Es el color de los contrarios. En particular, la amatista es adecuada para abrir la mentalidad a la comprensión de las experiencias espirituales. Despierta las fuerzas superiores ocultas del ser humano; por eso la utilizan los videntes y los sanadores, para potenciar sus capacidades.

Confiad en la amatista, confesaos ante ella como quien confiesa al diario íntimo sus deseos más reservados y sus sueños, pero también sus faltas y pecadillos. Entonces la amatista os dará fuerzas para aceptaros y vivir en armonía con vosotros mismos. Y esa armonía hace posible el flujo regular de las energías y de los humores corporales entre los siete chakras.

En su aplicación terapéutica, la amatista alivia todas las dolencias y también la sobrecarga mental debida a los esfuerzos agotadores, el exceso de estrés o las emociones reprimidas.

Los insomnes colocarán una amatista debajo de la almohada y conocerán el sueño reparador. Las vibraciones de esta piedra consienten únicamente los sueños felices y quién sabe si alguno de éstos se verá realizado.

Por su proporción de azul la amatista ejerce una acción tranquilizante que beneficia a los afectados por dermatitis, dolores de cabeza y jaquecas de origen nervioso. Para ello rozaremos con el cristal violeta las sienes, la descansaremos algunos minutos sobre el entrecejo, al tiempo que cerramos los ojos y tratamos de visualizar el color violeta. Detrás de los párpados cerrados van naciendo fantásticos celajes de color violeta que ayudan a olvidar el dolor.

En la baja Edad Media solía utilizarse la amatista molida como medicamento. Así la tomó en 1534 el papa Clemente VII, por ejemplo, como remedio contra su enfermedad.

Hoy se ha corroborado que el polvo de amatista sana las afecciones de la piel, utilizado en preparaciones cosméticas, y le confiere un aspecto lozano y saludable. Para desintoxicar el organismo y favorecer la eliminación de impurezas tomaremos un sorbo de elixir de amatista varias veces al día.

Este elixir se elabora colocando una amatista en agua de manantial tan pura como sea posible y poniendo el recipiente durante una hora al sol de la mañana. Los griegos y romanos tomaban esta preparación antes de encaminarse a sus grandes banquetes, para prevenir excesos. Sayunia Ghardivira, una médica hindú afincada en Estados Unidos y exclusivamente dedicada a la litoterapia, ha conseguido buenos resultados empleando esa terapia, que estaba prácticamente relegada al olvido, en la rehabilitación de los alcohólicos. Para ello posiciona tres veces al día sobre el ombligo del paciente, durante las sesiones de meditación, una piedra de talla excepcionalmente hermosa. Su índice de éxitos alcanza el 31,5 %, y conviene tener en cuenta que se trata de adictos con los que han fracasado todos los demás tratamientos convencionales. Con sólo tres meses de aplicación de esta terapia estos clientes atestiguan la desaparición completa del ansia de alcohol.

Ámbar

El ámbar ocupa un lugar excepcional entre las piedras dotadas de virtud terapéutica, ya que se diferencia de todas ellas por ser de origen orgánico: es la resina fósil de los árboles que poblaban la Tierra hace entre 40 y 50 millones de años.

El ámbar almacena la energía solar que estos árboles absorbieron hace millones de años, y basta con saber despertarla.

En la Edad Media se utilizaba la suavidad del ámbar para exorcizar los espíritus malignos; para ello reducían a polvo en el mortero un trozo de ámbar y lo mezclaban con hierbas medicinales para quemarlo en pebeteros.

La virtud solar del ámbar sirve también para devolver la alegría de vivir al espíritu ensombrecido de los melancólicos. Éstos recobran la confianza en sí mismos contemplando los rayos del sol al trasluz del ámbar. En el aspecto terapéutico el ámbar potencia el sistema inmune del organismo humano; sus rayos armonizadores devuelven las fuerzas a los cuerpos agotados por una convalecencia o un exceso de estrés.

Sus efectos analgésicos todavía se aprovechan hoy cuando se le da al niño que está echando los dientes un aro de ámbar para que lo muerda. También es tradicionalmente conocida su eficacia contra el asma, la bronquitis y las toses pertinaces. La mejor manera de aprovechar la energía orgánica del ámbar es llevarlo colgando del cuello, cerca de la región bronquial.

También se obtienen buenos resultados con una infusión de cebolla e hinojo, en la que se habrá tenido varias horas un trozo de ámbar. Tómese varias veces al día muy caliente.

Aventurina, crisocuarzo

No hay piedra que despierte tanto la sensibilidad ante las oscilaciones y las corrientes más delicadas de la naturaleza. El color verde que tiene la aventurina nos recuerda, según las diferentes intensidades, una selva lujuriante, un llano recubierto de musgo o un umbrío bosque nórdico. El chakra cordial o anahata-chakra es particularmente receptivo a estas vibraciones. Un espécimen de aventurina colocado sobre este chakra sirve para paliar las penas de amor y las grandes decepciones. Para que desarrolle al máximo su virtud lenitiva y consoladora, antes lo habremos cargado de energía poniéndolo al sol, con lo que se intensificará su capacidad para devolver confianza y serenidad al corazón.

La fuerte vinculación de esta piedra con la naturaleza puede ser aprovechada por los aficionados a las plantas, los jardineros y cultivadores profesionales. Así como se ha demostrado que las plantas son sensibles a la voz y a la música, también vemos que aquellos jardineros que llevan una aventurina durante el trabajo consiguen resultados sobresalientes.

En litoterapia se recomienda especialmente para combatir los trastornos psicológicos. Los conflictos espirituales no resueltos y las experiencias traumáticas llegan a superarse con más facilidad recurriendo a la ayuda de la aventurina.

En presencia de arritmias cardíacas o de estados de angustia debidos a dificultades respiratorias se aconseja llevar en la mano izquierda una aventurina tallada en forma de tambor. Hágalo varias veces al día durante varios minutos y pronto notará el alivio.

Azurita

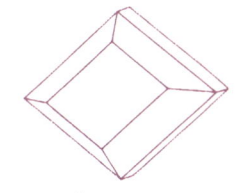

Esta piedra de color azul intenso, con sus vibraciones claras y sutiles, es idónea para acceder a la esfera de las ideas y de las representaciones. La eficacia de la azurita es máxima a nivel del chakra corona. Amplifica la conciencia, pero también facilita la concentración. En especial los escritores y los periodistas han obtenido resultados excelentes colocando sobre el escritorio un cristal de azurita, a ser posible tallado transversalmente.

La bella disposición en estrella de estos cristales produce una concentración de las energías sobre el tema que nos planteamos, iluminándolo en todos sus aspectos. La azurita era una de las gemas predilectas de santo Tomás de Aquino, el doctor de la Iglesia cuyas obras admiran todavía los filósofos por la claridad de su expresión y la sencillez con que resuelve o dilucida los más arduos problemas.

Las vibraciones de la azurita tonifican asimismo la glándula timo. Ésta es un centro de coordinación de todo el sistema endocrino; en caso de alteración conviene restablecer la armonía posicionando una azurita sobre el chakra corona. No hace falta que las sesiones sean excesivamente prolongadas; basta con cerrar un rato los ojos y visualizar el azul saturado del cielo durante el crepúsculo vespertino. Al cabo de pocos minutos notaremos cómo aquellos problemas intelectuales que nos parecían insolubles se simplifican y hallamos la solución con insospechada facilidad.

Los sanadores hindúes también recomiendan el empleo de la azurita contra los problemas de crecimiento de la infancia, y colocan una azurita sobre el chakra corona de la criatura, debajo del gorrito o de la «chichonera». «De esta manera los muchachos crecen altos y fuertes, y las muchachas bien formadas y redondeadas en todos los puntos convenientes», aseveran las antiguas escrituras.

Berilo

En términos estrictamente científicos, son berilos todos los cristales del grupo de los silicatos de aluminio; desde este punto de vista, por ejemplo, también lo es la esmeralda.

La litoterapia, en cambio, concede un lugar destacado a los berilos de tonalidad azul o verde mar. Cuando la fabricación del vidrio todavía era desconocida, se utilizaba el berilo incoloro para obtener lentes de aumento; de ahí que dicha piedra tuviese mucha importancia para los sabios y los científicos, que le prestaron especial atención y la manipulaban con mucho respeto.

Muchas veces los berilos presentan matices lechosos, translúcidos, de especial eficacia en el domino del chakra segundo, o sacro, el cual rige la circulación de las energías y de los humores en el organismo. El cristal debidamente sintonizado suaviza la agresividad y el espíritu de contradicción.

Según las recomendaciones de la santa Hildegarda, el que convalece de una intoxicación (ya superada por los medios de la medicina convencional) debe tomar un elixir de berilo durante cinco días. Para ello se obtiene un poco de polvo lijando un espécimen y se disuelve en agua clara de manantial.

El berilo también sirve para aliviar los ojos fatigados e irritados; para ello calentamos el cristal a la luz del sol y lo colocamos durante algunos minutos sobre los párpados cerrados.

Al mismo tiempo nos concentraremos procurando visualizar el color azul lechoso de la piedra, comparable al de la espuma que corona el oleaje de un mar agitado. Este azul tan peculiar no sólo relaja el nervio óptico sino que su acción beneficiosa se extiende a todo el sistema nervioso vegetativo.

Calcedonia

De aspecto lechoso, por estar constituida de fibras de cuarzo y ópalo, en la antigüedad la calcedonia era estimada como la piedra de los oradores, y por consiguiente la tenían en aprecio los abogados, los políticos y los filósofos. Esta influencia sobre las facultades retóricas deriva de su acción en el campo del chakra de la garganta o visudhachakra. Quien lleve la calcedonia tendrá siempre la última palabra en cualquier discusión, la respuesta oportuna que a los demás sólo se nos ocurre luego, cuando ya ha pasado el momento idóneo. Favorece la facilidad de palabra, confiere un tono agradable a la voz y agiliza las facultades de articulación y fonación. De ahí que se recomiende particularmente esta piedra, sobre todo la de matiz blanco-azulado, a los muy tímidos y reservados, para ayudarles a romper el aislamiento. Sus rayas visibles recuerdan el agua que corre, y así de fluidas queremos que pasen las palabras por los labios del orador.

La litoterapia utiliza la calcedonia en especial contra las afecciones de las cuerdas vocales y los desarreglos de la glándula tiroides. Antes de cada aplicación se tendrá la piedra durante una hora, por lo menos, en agua corriente de manantial. Es aconsejable ponerse guantes para sacarla, a fin de evitar que se disipe la energía del agua y el frescor de la piedra. Ésta, fría y húmeda, se coloca sobre el cuello, en contacto con la arteria carótida y por la vía de la circulación sanguínea, las vibraciones serán transportadas a todos los centros de energía del organismo.

A los niños afligidos por dificultades del habla, como la tartamudez o el ceceo, les colgaremos una calcedonia del cuello y la pondremos debajo de la almohada durante la noche. En estos casos es indispensable purificar la piedra con mucha frecuencia, para renovar su eficacia mediante las energías del sol y del agua natural.

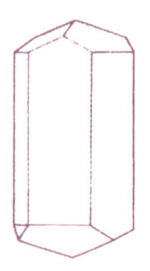

Calcita

Piedra blanda, que guarda correspondencia con el chakra cordial o anahata-chakra. Sus matices verde pálido o tenuemente rosados nos aproximan a las vibraciones de las plantas en germinación o de los cachorros. A través de sus energías ocultas recibimos la fuerza prístina de la vida joven. Cuando nos sentimos agobiados por la tristeza o por una supuesta incapacidad para resolver nuestros asuntos, o cuando nos hemos exigido más de lo que podíamos alcanzar, la calcita nos comunica sus virtudes tranquilizantes, nos ayuda a cobrar conciencia de nuestras limitaciones sin merma de la autoestima. Colabora con nuestro afán de perfección y de unidad con la fuerza universal del cosmos, que halla eco en el microcosmos de la vida personal. Y cuando se hallan perturbadas las corrientes bioenergéticas del organismo, los procesos electrolíticos que tienen lugar en el cuerpo humano, procura reequilibrarlos.

Los sanadores expertos en litoterapia suelen utilizar la calcita cuando hallan que el desarrollo óseo del paciente no armoniza del todo con el estado de sus chakras. Las calcificaciones, los anquilosamientos, las fracturas y las secuelas de éstas pueden originar molestos dolores y repercuten a su vez sobre el estado de la musculatura. A todo esto puede ponerse remedio con ayuda de la calcita.

Para ello, y teniendo en cuenta que las vibraciones de esta piedra son muy delicadas, la posicionaremos directamente sobre la región afectada y, para que no se pierdan esas vibraciones prácticamente inapreciables, renovaremos las energías del espécimen antes de cada sesión de tratamiento. Para ello, lo más aconsejable es sacarla al aire libre y exponerla de preferencia en un prado o colgada de una planta en flor, pero procurando evitar los fríos excesivos, ya que congelarían las vibraciones. Cuando nos dispongamos a utilizarla, la entraremos en casa y la colocaremos sobre las regiones doloridas, a ser posible sin quitarle siquiera la humedad del rocío.

Carnalina

Piedra que está vinculada con la Tierra, despierta nuestros sentidos a la percepción de las bellezas de nuestro planeta y nos ayuda a preservar nuestro sentido práctico, «de pies en tierra». De vibraciones muy claras, que se captan con facilidad, a todos ayuda a vivir la vida en lo inmediato, sin ceder a las exageraciones de la fantasía y despejando la cabeza y el corazón para los valores y las bellezas reales del mundo.

En sus aplicaciones terapéuticas manifiesta especial eficacia para combatir la falta de motivación y de tono vital.

También se utiliza para combatir las afecciones hepáticas; a este efecto nos daremos masaje con un espécimen de carnalina en la región del hígado. Para combatir los estados de melancolía y angustia podemos preparar un elixir.

Éste se obtiene dejando una carnalina roja durante 48 horas en una infusión de hinojo con algunas gotas de esencia de rosas. Se toma una cucharadita varias veces al día.

Por favorecer la actividad en general, ayuda a prevenir el reuma, para lo cual llevaremos la piedra directamente sobre la piel.

Citrina

Su color amarillo dorado evoca los rayos del sol; su eficacia puede potenciarse aún más engastando la piedra en oro. Sus tonos claros sensibilizan las vibraciones del plexo solar o tercer chakra. Los deseos reprimidos, las emociones que no hemos desahogado, la fatiga y el estrés suelen manifestarse en forma de insomnio, nerviosismo y estados de angustia. En estos casos la virtud de la citrina se revela prodigiosa, nos ayuda a librarnos de preocupaciones inútiles y nos motiva para abordar con decisión nuevas empresas, con lo cual recobramos la tranquilidad interior y desaparecen los agarrotamientos y los bloqueos en la región del plexo solar.

Los terapeutas utilizan la citrina para combatir las anomalías de la digestión. Sus vibraciones puras y nítidas facilitan la eliminación de toxinas; incluso los diabéticos pueden beneficiarse de sus efectos armonizadores, ya que interviene en la secreción de insulina y tiende a regularla. Para ello el paciente llevará colgada sobre el plexo solar una citrina de color amarillo dorado.

Crisocola

Es un silicato de cobre y guarda correspondencia con el chakra cordial o anahata-chakra. El mensaje principal que aporta es de paz interior y exterior, a lo que contribuyen sus tonalidades azules y verdes, aunque hay ejemplares tan oscuros que tienden al negro. La crisocola nos invita a prestar atención a nuestro cuerpo y nos muestra el camino correcto en lo tocante al equilibrio de la alimentación y de los horarios de sueño y vigilia.

Las vibraciones de la crisocola sosiegan el ánimo e inspiran sentimientos pacíficos. Por eso los terapeutas aconsejan colgarla en la habitación, y de tal manera que reciba óptimamente la irradiación solar. Entonces las vibraciones armonizan el ámbito doméstico de tal manera, que nos sentimos a gusto entre nuestras cuatro paredes, y nos acostumbramos a buscar el descanso y la reparación en el hogar, reduciendo al mínimo el estrés profesional, las preocupaciones y los temores.

Es una ayuda eficaz durante los partos, por cuanto infunde a la madre mayor confianza en sí misma y más tranquilidad. Hay que tenerla en la mano izquierda para que surta sus efectos sobre el corazón a través de las vías sanguíneas.

Se combaten los espasmos del tracto gastrointestinal con una infusión hecha lijando un poco de piedra. Sobre el polvo obtenido echaremos agua hirviendo y luego añadiremos un poco de esencia de rosas; dejamos enfriar el líquido y tomaremos un sorbo del mismo varias veces al día, antes de las comidas.

Sus virtudes refrescantes hacen de ella, además, un eficaz febrífugo. Para ello purificamos la piedra durante varios minutos bajo el agua corriente antes de la aplicación, la secamos cuidadosamente con un paño limpio y la posicionamos sobre la frente del paciente.

Crisoprasa

También le corresponde el chakra cordial o anahata-chakra. Es una piedra de color verde esmeralda o verde manzana; hay ejemplares transparentes y otros translúcidos. Nos ayuda a renunciar, a prescindir, tal como los vegetales echan de sí la semilla madura o el fruto, o los pájaros se despiden de sus crías cuando éstas han aprendido a volar. La crisoprasa es, por consiguiente, el consuelo de quienes acaban de sufrir una pérdida irreparable. Nos aleja de las cosas materiales y ensancha nuestra conciencia para que seamos capaces de captar los procesos sutiles del cosmos, de manera que nos hace más sensibles a las vibraciones gracias a su luz nítida.

La crisoprasa es sensible al exceso de irradiación solar y si se calienta demasiado puede perder color. Le agrada la luz fría y clara de la luna. También la luz amarilla y dorada de las velas facilita el despliegue de sus cualidades bioenergéticas. Inspira reserva y clarividencia. Contribuye a la manifestación de los contenidos inconscientes, los cuales eleva a la esfera de lo consciente y así nos ayuda a resolver nuestros problemas. Tradicionalmente los terapeutas usaban la crisoprasa contra los ataques de gota. La monja Hildegarda von Bingen recomendaba fijar un espécimen sobre la región dolorida mediante una venda elástica, preferiblemente durante la noche, porque las horas nocturnas favorecen el despliegue de sus energías.

La moderna litoterapia prefiere emplearla para tonificar las glándulas de secreción interna y en el tratamiento de las personas propensas a desarreglos de tipo neurótico.

Cristal de roca

Es el más potente de los minerales que se emplean para recargar las energías humanas. La pureza de su luz contiene todos los colores del arco iris y nos pone en inmediata comunicación con el cosmos. Este efecto es tan intenso que lo perciben incluso las personas no demasiado sensibles a las corrientes y a las vibraciones sutiles de los

cristales. En la antigüedad se atribuyó mucho valor al cristal de roca como ofrenda funeraria; por su inalterabilidad frente a las intemperies de todo género veían en esta piedra un símbolo de la vida eterna. Y lo mismo que la energía incesante de nuestros afanes espirituales y emocionales, infunde el deseo de aprovechar nuestro tránsito vital para dejar una obra que permanezca.
Por otra parte el cristal de roca es un poderoso absorbente de las energías que lo rodean. De ahí su utilidad para librarnos de influjos negativos, pero hay que tener en cuenta que su capacidad se agota pronto si no cuidamos de regenerarlo con frecuencia. A este efecto conviene saber a qué clase de influencias negativas ha estado expuesto. Cuando éstas hayan sido de tipo oscuro y pesado, lo tendremos en sal marina, lo purificaremos luego bajo el agua corriente y por último lo expondremos al sol durante varias horas. Cuando estas influencias derivan de la confusión, de disputas, inseguridades o actividad desbocada de la fantasía, es más conveniente una larga inmersión en agua corriente seguida de purificación a la luz de la luna. Si omitimos estas operaciones la piedra perderá su eficacia e incluso es posible que empiece a transferirnos el exceso de energías negativas. En estas condiciones sobreviene pronto el trastorno de las vibraciones y flujos energéticos de los diferentes centros, y son posibles severas afecciones. Mediante estudios y fotografías del aura se ha determinado que ningún otro mineral restablece tan pronto la emanación personal perjudicada por una disonancia.
El efecto depurador del cristal de roca se manifiesta especialmente activo frente a las afecciones intestinales, si se toman varias veces al día unos sorbos de elixir, el cual prepararemos colocando un cristal de roca en una jarra de cristal con agua. A ser posible, lo tendremos toda una noche a la luz de la luna llena, cuya claridad fría comunica a la piedra su virtud purificadora.
Hildegarda von Bingen recomendaba el cristal de roca a los afectados por trastornos glandulares y para curar la vista cansada, colocando el cristal, bien sobre la glándula inflamada, o bien sobre los párpados de los ojos fatigados.

Cuarzo ahumado

Llamado también topacio ahumado, tiene vinculación con el primer chakra; sus intensas vibraciones nos recuerdan que el excesivo apego a los bienes materiales constituye una limitación para la espiritualidad. Y nos permite intuir que no hay contradicción entre el cielo y la tierra, que ambos extremos deben concurrir para producir el acorde de la armonía cósmica. Así como el cuarzo ahumado aúna lo claro y lo oscuro, así también el ser humano combina la luz celestial con la tiniebla de lo telúrico. Lo uno y lo otro deben armonizar para que exista el equilibrio fisiológico y el flujo uniforme de las energías y de los humores. Los terapeutas se sirven del cuarzo ahumado para expulsar del cuerpo los tóxicos y las vibraciones negativas. Para ello se le colocan al paciente sendos cristales de cuarzo ahumado en la planta de los pies, con las puntas mirando hacia fuera. En algunos casos se recomienda tener además un ejemplar en cada mano y otro colocado sobre el chakra frontal.

Este tratamiento agota rápidamente las piedras, por lo que conviene regenerar éstas después de cada sesión; algunos terapeutas acostumbran recargarlas, además, antes de la sesión exponiéndolas a la luz abundante, preferiblemente varias horas a pleno sol.

Cuarzo rosado

El suave color rosado de este cristal infunde tranquilidad, ternura y suavidad en el espíritu. Las prisas y los temores quiméricos pierden importancia cuando contemplamos la belleza de un cuarzo rosado y dejamos que actúen sobre nosotros sus vibraciones.
Por otra parte el cuarzo rosado despeja nuestra sensibilidad para las bellas artes y la música; en el plano intelectual nos facilita el entendimiento de las creaciones del espíritu humano.
En litoterapia se emplea el cuarzo rosado para el tratamiento de las dolencias psicosomáticas, por ejemplo colocando uno o tres ejemplares pequeños sobre el chakra cordial. También es eficaz para curar magulladuras.
Desde hace cientos de años, los sanadores de la India han venido utilizando esta piedra, engastada en oro, contra la esclerosis múltiple, y si bien es cierto que no se obtienen curaciones al cien por cien, al menos retarda el proceso progresivo de la parálisis y los pacientes asumen actitudes más positivas que les ayudan a desenvolverse mejor y a soportar con paciencia su invalidez.

Diamante

El diamante es el único mineral formado por un solo elemento, de ahí su impresionante claridad y pureza. Guarda correspondencia con el séptimo chakra, o centro corona. Su luz maravillosa invade los repliegues más oscuros de nuestro ser espiritual y desea en nosotros el deseo de alcanzar una pureza comparable. Con su ayuda podremos enfrentarnos incluso a los aspectos más oscuros de nuestra propia personalidad, lo cual es condición necesaria para alcanzar la satisfacción y la serenidad en la vida. El diamante conlleva, sin embargo, el peligro de la soberbia; pero recordemos que no alcanza la plenitud de su belleza sino sometiéndose al tallado, proceso que debe superar sin quebrarse. Al contrario, esta operación potencia en grado sumo sus virtudes, pero ¡atención!, que la dureza del diamante no debe transmitirse al ser humano que lo lleva, envolviéndolo en una coraza de insensibilidad ante las penas y los sentimientos del prójimo. Empleado correctamente, el diamante conduce a la más sublime purificación espiritual. Los pensamientos innobles, la bajeza, los sentimientos impuros, desaparecen de nuestra conciencia al tiempo que nos abrimos a las verdades puras de la Creación.

La monja Hildegarda escribió:
«Y son muchos los que engañados por Satanás andan con el ánimo embargado por los malos pensamientos que callan sus bocas. Pero cuando hablan la malicia se trasluce en sus miradas, y muchas veces se agitan como posesos, totalmente fuera de sí, aunque luego no tardan en sosegarse. Estas personas deben llevar a menudo un diamante en la boca, o siempre, ya que la virtud de esa piedra es tan grande y tan poderosa, que echarán de sí toda la malicia diabólica que los posee.»

En la actualidad se obtienen buenos resultados en la deshabituación de fumadores y en el tratamiento de la epilepsia, la diabetes, los trastornos de la menopausia y diversas afecciones óseas.
El tratamiento de dolencias somáticas utiliza con mucho éxito los diamantes en bruto, sin tallar, no siendo necesario potenciar mediante la talla las energías que contienen.
Para vencer el hábito del tabaco se llevará durante varios días en la boca un diamante en bruto pequeño y de forma redondeada. Es útil también practicar enjuagues orales varias veces al día con un elixir, y también colocar varias veces al día, durante algunos minutos, un diamante sobre el chakra de la garganta; al mismo tiempo cerramos los ojos y procuramos visualizar la intensa luz del diamante.
Para evitar los calores, las depresiones y el cutis marchito propios de la menopausia, tomaremos varias veces al día un sorbo de elixir alcohólico de diamante. Para ello se coloca un diamante en bruto o tallado en un frasco de cristal incoloro y se añade una mezcla constituida por un 50 % de agua y un 50 % de vino blanco de no excesiva graduación. Esta mezcla debe reposar 24 horas antes de tomarla, pero no debe ponerse al sol en ningún caso; para potenciar plenamente los efectos del diamante es recomendable sólo la luz fría de la luna.

Esmeralda

En mineralogía la esmeralda figura en el grupo de los berilos, que le corresponde con arreglo a su composición química. El color verde es debido a la presencia de óxido de cromo y éstas son las esmeraldas puras y dotadas de beneficiosas vibraciones e irradiación. Su color verde es símbolo de crecimiento y de evolución, que contrarresta, por consiguiente, cualquier tendencia al estancamiento o a las progresiones de sentido negativo. Suscita en nosotros el afán de lo noble, lo bello y lo puro.

Es menester, no obstante, que la esmeralda caiga en buenas manos. Así como puede incitar a los débiles de voluntad, también es capaz de inducir acciones perversas en los demasiado ambiciosos y ávidos de poder, cuyas cualidades negativas potencia en grado sumo; estas personas se labran su propio infortunio y hacen desgraciados a los demás. Desde que existe memoria humana los sanadores vienen empleando la esmeralda con el propósito de rejuvenecer y regenerar. En los harenes de los príncipes de la India se construyeron baños enteramente revestidos de esmeraldas, y las princesas solían lucirlas en todo momento. También se usaban mixturas y bálsamos elaborados a base de esmeraldas en polvo, o se guardaban en preciosos frascos de esmeralda. En la actualidad se utiliza la esmeralda, sobre todo, para curar las dolencias de la vista. Un disco de esmeralda colocado sobre los párpados fatigados devuelve el brillo a la mirada en cuestión de media hora. Los ojos irritados se alivian mediante un colirio de elixir de esmeralda. Éste ha probado también su eficacia contra las alergias cutáneas y los barros y demás impurezas de la piel.

Para obtener la eficacia máxima se llevará la piedra en contacto directo con la piel; además hay que purificarla y recargarla periódicamente.

Fluorita

Llamada también espato flúor, tiene vinculación con el chakra quinto, ajna-chakra, y también con el sexto o vishudda-chakra. En todas las épocas se conoció a la fluorita como «la piedra de los genios». Porque esta piedra, de coloración que varía entre el violeta pálido y el oscuro, o entre el azul claro y el azul saturado (aunque también se encuentran ejemplares incoloros), confiere alas a nuestro espíritu. La fluorita guarda una fuerte correspondencia con las pirámides; su figura natural es la de un octaedro, doble pirámide que expresa el flujo de las energías en el organismo humano entre el chakra base y el chakra corona. Pero no únicamente en el organismo humano, ya que el doble flujo energético es la pauta universal de todas las energías vitales.

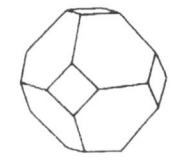

Esta energía vital es la que potencia la fluorita con sus vibraciones en el cuerpo humano. Confiere transparencia a lo que en nuestro fuero interno ya conocíamos. Ideas y conceptos, que antes no intuíamos sino vagamente, adquieren súbita concreción, o incluso una explicación científica.

Los cristales de fluorita coloreados son especialmente idóneos para la meditación. El practicante coloca ante sí un octaedro de fluorita y se embelesa considerando la claridad de su estructura, abriéndose poco a poco a la luminosidad de su irradiación. Después de una sesión de este género nos sentimos llenos de amor hacia nuestros semejantes; los pensamientos egoístas y materialistas apenas hallan ya cabida en nuestras almas.

La moderna litoterapia utiliza la fluorita, sobre todo, en los procesos de convalecencia después de accidentes cerebrales o para tratar las secuelas psicológicas de una afección física. Existen diferentes procedimientos según la dolencia que se quiera tratar.

Uno de ellos consiste en colocar sendos ejemplares de fluorita color violeta en las manos del paciente, y otros dos sobre los párpados cerrados. Las energías sutiles armonizan los hemisferios cerebrales y potencian los flujos energéticos sin que el paciente deba realizar ningún esfuerzo innecesario.

Otra modalidad es un masaje de nuca y plexo solar con una fluorita de forma redondeada, que se habrá puesto previamente bajo el agua corriente, para atemperarla luego a la luz del sol. Dos sesiones diarias de masaje, efectuando movimientos circulares con la piedra, restablecerán al paciente y la sedación se obtiene al cabo de muy pocas sesiones.

Granate

Era la piedra más sagrada para los hindúes, puesto que arde en ella el fuego de la vida eterna. Su color expresa la propiedad más destacada de este mineral, que es la de ser donante inagotable, fuente de energía que no cesa. De ahí su vinculación con el muladhara-chakra o centro base.

El granate potencia la energía sexual y la transmuta en potencia creadora en el más amplio sentido, que nos confiere perseverancia y el deseo inextinguible de mejorar y alcanzar la verdad.

Ante la luminosidad del granate no hay secretos. Ha sido en todas las épocas la materia prima de los talismanes; y más precisamente en aquellos pomposos palacios de los rajás hindúes, donde las intrigas y las traiciones se hallaban a la orden del día, todas las protecciones de que uno pudiese rodearse eran pocas.

Hoy los terapeutas tienen en gran aprecio el granate, porque sus vibraciones tonifican la circulación y previenen la anemia.

En caso de frigidez o impotencia, un granate llevado cerca del centro base puede aportar remedio; algunos litoterapeutas recomiendan asimismo la visualización de esta piedra en sesiones de meditación que relajan el cuerpo y ayudan a eliminar agarrotamientos y bloqueos en el flujo de los humores cerebrales.

Hematita

O también hematites, es un sesquióxido de hierro, variante roja del oligisto. Los terapeutas la vinculan con el primer chakra o centro base, y fue muy apreciada por todas las culturas de la antigüedad. Considerada entre los sumerios como piedra de la suerte y defensora de los derechos de su propietario en los pleitos, los egipcios enterraban una de estas piedras con el difunto a manera de viático que le asegurase su entrada en el reino de los muertos. En la Edad Media se usaron mucho los aderezos de hematites como defensa contra el mal de ojo y las malas artes de hechicería. En épocas más próximas cayó en un olvido algo injusto, aunque los sanadores siempre supieron de sus propiedades maravillosas.

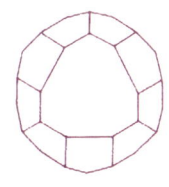

Es una compañera extraordinaria en tiempos difíciles y nos ayuda a obrar con prudencia y energía.

Los terapeutas aprecian sobre todo su eficacia contra toda clase de afecciones de la sangre. Estimula y acelera el crecimiento celular, de ahí su utilidad en los procesos de cicatrización después de las intervenciones quirúrgicas y en la convalecencia consiguiente a una enfermedad grave.

Hay dos métodos para su administración. El primero consiste en atacar un espécimen con la muela abrasiva; el agua refrigerante toma en seguida un color rojo oscuro debido al polvo en suspensión; a esta agua se le añade un poco de elixir de diamante (*véase*) y luego se deja reposar la mezcla durante unas dos horas. Una dosis diaria de esta preparación restablecerá nuestras fuerzas en seguida, y nos sentiremos más capaces de hacer frente a todas las contingencias de la vida que antes de caer enfermos.

El otro procedimiento consiste en la aposición de varias piedras, previamente caldeadas a la luz del sol, que se disponen con arreglo a una pauta circular alrededor del centro base. En seguida el paciente nota un calor agradable así como la irradiación beneficiosa de las piedras.

Jade

Esta piedra merece una consideración destacada, ya que su utilidad medicinal es conocida desde las épocas más remotas e incluso la medicina convencional la reconoce. En China la curación por medio del jade se retrotrae al Neolítico; ellos lo llamaban *je yü*, en donde la palabra «yü» significa «joya», «tesoro» y también «imperial». Tenía más precio que el oro y lo buscaban con afán.

Las naciones sometidas pagaban el tributo al emperador en jade, y la exportación estaba severamente prohibida en razón de las propiedades sobrenaturales y curativas que se le atribuían.

Por ejemplo, estaban convencidos de que llevándolo sobre la piel evitaban los cálculos renales y se aseguraban el correcto funcionamiento de la micción.

En el siglo XVI algunos mercaderes portugueses de Macao llevaron a Europa los primeros ejemplares; el conocimiento de su virtud cu-

rativa se difundió pronto y alcanzó un gran aprecio en Portugal, donde el jade pasó a llamarse *pedra de mijada* y por corrupción de ese término se originó la palabra «jade».
Siglos más tarde, aún no habían olvidado esa atribución los naturalistas que realizaron las primeras clasificaciones mineralógicas y lo llamaron en latín *lapis nephriticus*, o sea «piedra de riñón».
En las grandes culturas precolombinas de América el jade también simbolizó el poder de los dioses, y su uso estuvo reservado a sacerdotes y nobles.
La moderna litoterapia le presta mucha atención. Para el tratamiento de afecciones renales se coloca sobre el segundo chakra. Si se quiere facilitar la excreción urinaria, se administra un té de jade. Para ello se prepara una infusión fuerte de mate, se deja enfriar y se sumerge en ella durante varias horas un ejemplar de jade. De esta preparación se toma una cucharada varias veces al día durante tres días seguidos.

Jaspe

Pertenece el jaspe, llamado también diaspro, a la familia del cuarzo calcedonia, y suele presentar distintos colores y combinaciones cromáticas. El jaspe común es rojo; el sanguíneo, verde con manchas rojas. Hay una variedad parda llamada jaspe de Egipto, y otra negra, la lidita.
En los antiguos tratados indios se le califica de «madre de todas las piedras preciosas». Tan incesante como el giro de la Tierra sobre sí misma es la emisión energética de esta piedra que nos vivifica con su rico cromatismo. Por eso es idóneo el jaspe para fabricar bolas tranquilizantes de las que se llevan en el bolsillo de la americana, o se tienen sobre el escritorio; involuntariamente llevamos la mano hacia ellas para sobarlas, o para apoyárnoslas sobre la frente o refrescar las sienes con ellas. Y la piedra, con generosidad infatigable, sigue comunicándonos su energía, nos sosiega, nos pone en sintonía con la creación y nos inspira confianza.
El hombre debería corresponder a los bienes que le dispensa el jaspe; si queremos hacerlo y potenciar al mismo tiempo su eficacia, lo pondremos una vez al mes bajo agua corriente, lo secaremos al sol

y lo limpiaremos cuidadosamente con un paño suave. Le perjudica mucho el polvo así como el humo y la ceniza de los cigarrillos. En caso de exposición constante a estas influencias las energías se debilitan y la piedra se enturbia.

Los terapeutas recomiendan llevar un jaspe sobre la región gástrica como preventivo contra las náuseas. El jaspe rojo transmite calor al cuerpo y el jaspe sanguíneo lo depura. Por eso, durante los tratamientos para eliminar toxinas es aconsejable beber por la mañana, en ayunas, un vaso de elixir de jaspe obtenido sumergiendo varias horas un ejemplar en una jarra con agua fresca.

El dolor de oídos puede aliviarse colocando un espécimen pequeño sobre la oreja. En los escritos de Hildegarda von Bingen hallamos otra indicación, los dolores articulares, que remiten posicionando una piedra sobre la región afectada.

Lapislázuli

Este nombre significa «piedra azul»; también llamada lazulita, esta piedra de color azul intenso muchas veces presenta inclusiones de pirita en forma de manchas doradas muy brillantes. Los romanos le atribuían carácter sagrado, y se empleaba en la ornamentación de los altares; incluso hubo templos enteramente revestidos de lapislázuli. Vinculada al sexto chakra, el frontal, esta piedra nos pone en relación con la inmensidad del cielo estrellado, lo cual nos permite participar de la armonía de la creación, poner en sintonía nuestro microcosmos con el macrocosmos. El lapislázuli aporta la paz y por eso era la piedra de la amistad en muchas culturas antiguas. Hermana a los hombres y permite que cada uno encuentre el lugar que le corresponde en la sociedad. Entre los pueblos asiáticos es frecuente la costumbre de colgarles del cuello una cadena con un lapislázuli a los niños, para que vayan adquiriendo confianza en sí mismos y aplomo.

La litoterapia le atribuye propiedades refrescantes y tranquilizantes. Para remediar hinchazones, inflamaciones y picaduras de insectos se coloca sobre la zona afectada un lapislázuli previamente calentado al sol. También los ojos irritados y fatigados se alivian sumergiendo un par de piedras en agua tibia, para colocarlas luego sobre los párpados cerrados. Algunos sanadores incluso creen posible detener o retrasar la progresión de la esclerosis múltiple con ayuda del lapislázuli, empleado en combinación con el oro y dispuesto sobre los siete chakras, en sesiones de tratamiento que deben reiterarse durante una semana todos los meses, como mínimo.

Malaquita

Tal como la naturaleza conoce una infinidad de matices de verde, así de variadas son las coloraciones de la malaquita, que se distingue por sus finas estrías de verde claro y oscuro. Este juego de los tonos de verde con sus cambios de frecuencia es el paradigma de la actividad incesante, y así la malaquita suprime todos los bloqueos que nos impiden disfrutar de la vida. Así renovamos nuestras fuerzas para seguir en la lucha de la jornada cotidiana. También favorece la receptividad para la armonía; en especial nos facilita la comprensión de la música, y nuestros oídos conservan durante muchos días el recuerdo de esas grandes concepciones monumentales que se tienden como un puente desde los acordes iniciales hasta el calderón final, dejando el espíritu saturado de bellas imágenes que las melodías evocan.
Es una piedra ideal para establecer la comunicación con la naturaleza. En la Edad Media se creía que la persona que bebiese agua de una copa de malaquita podría entender el lenguaje de los animales, y todavía hoy es el talismán protector de los domadores circenses y de los proteccionistas.
En las aplicaciones terapéuticas se aprovecha su propiedad de eliminar del organismo las energías nocivas y patógenas. En efecto, la malaquita difiere de la mayoría de los demás minerales por cuanto no influye sobre ningún chakra en particular, sino que sus vibraciones positivas favorecen el flujo energético en todos estos centros. Se recomienda su empleo, sobre todo a los que convalecen de una grave enfermedad o intentan rehacerse después de una pérdida muy dolorosa.
Para conservar estas vibraciones positivas y propiedades favorables conviene purificarla con asiduidad. Para ello la colocaremos en agua corriente; lo ideal sería buscar un arroyo claro, o la orilla del mar. Después de la purificación por el agua, esta piedra necesita mucha luz. La expondremos al pleno sol del mediodía y luego la limpiaremos cuidadosamente con un paño suave.

Ojo de tigre

También llamado ojo de gato, es una variedad de cuarzo con inclusiones de amianto; su cálida coloración dorada evoca nostálgicos sentimientos, deseos de protección y seguridad, pero nos enseña al mismo tiempo que la seguridad no sólo es cuestión de bienes materiales, sino también la posibilidad de comunicar nuestras ideas y nuestras sensaciones a un ser querido, de confiar en los amigos y en las personas a quienes apreciamos. Todo eso nos enseña el ojo de tigre.

Su brillo sedoso, que arroja reflejos cambiantes cada vez que lo cambiamos de posición con respecto a la luz incidente, le confiere el aspecto de algo vivo, de ahí que esta piedra simbolice también la actividad y el progreso. Nos hace más dinámicos, más receptivos ante la innovación, y nos quita el miedo a lo desconocido.

En los tiempos antiguos el ojo de tigre era el talismán de los viajeros y de los descubridores, y como tal fue adoptado por los cruzados, para que les infundiese valor y les comunicase un sentimiento de protección en aquellas tierras extranjeras, tan distantes de sus países de origen.

Las indicaciones terapéuticas del ojo de tigre son los resfriados y las infecciones pulmonares. Su calor se transmite al organismo y potencia las defensas. En caso de afección calentaremos la piedra al sol y la posicionaremos sobre la región torácica, fijándola con una venda de lana. Debe purificarse con frecuencia, y cada cinco horas como mínimo si la dolencia cursa con fiebre. Para ello la refrescaremos en agua corriente y la expondremos al sol, con objeto de preservar las vibraciones salutíferas. En caso de solicitación excesiva la piedra se enturbia y sus vibraciones van perdiendo eficacia.

Ónice

Por sus colores blanco y negro el ónice guarda correspondencia con el chakra primero o centro base. Esta piedra irradia una fuerza misteriosa, un ritmo muy especial debido al contraste de los opuestos. Con esto nos enseña que estamos rodeados de muy diversas energías visibles e invisibles, y nos induce a obrar con reflexión, a evitar juicios precipitados. De ahí que el ónice reciba el nombre de «la piedra de los justos». Era consultada con frecuencia por los sabios y por los jueces antes de emitir un dictamen o una sentencia.

En litoterapia se usa para aliviar la sensibilidad a los cambios climatológicos, la fatiga visual, el dolor de estómago y las depresiones. También ayuda a romper con el hábito del tabaco.

Para remediar la debilidad visual se prepara un vino de ónice. Tomamos un litro de vino blanco, a ser posible no tratado todavía con azufre, y lo calentamos poco a poco en un recipiente refractario. La piedra calentada al vapor del vino se coloca sobre los párpados tal cual, sin quitarle la humedad condensada. Después del tratamiento se sumerge el ónice en el vino puesto a enfriar, y no volveremos a sacarlo hasta la próxima sesión.

En los estados de melancolía o de abatimiento se cuelga un ónice de una cadenilla para llevarlo directamente sobre la piel.

El ónice no ama la luz solar directa; si deseamos regenerar las energías gastadas lo mejor será exponerlo a la luz de la luna.

Ópalo

El ópalo guarda correspondencia con los chakras segundo y quinto, pero como tiene todos los colores del arco iris, su acción abarca a todos los centros energéticos del organismo. Nos permite ver y entender con claridad relaciones y sentimientos a los que antes no prestábamos demasiada atención. En particular los que padecen ansias y nostalgias indefinibles pueden recurrir al ópalo para dilucidar los motivos de esa insatisfacción o de esos afanes. Una vez conocidos, se podrá proceder en consecuencia prescindiendo de aquello que hasta entonces había inhibido el desarrollo de nuestra personalidad. El ópalo quiere ser aceptado y querido por su propietario. Si queremos llevarnos bien con nuestra piedra, admitamos sus vibraciones. Hay que saber asimilarlas; de lo contrario notaremos que la piedra nos pone algo nerviosos e intranquilos y dejaremos de llevarla.

En el aspecto terapéutico se usa para potenciar la actividad del corazón; así por ejemplo, en presencia de arritmias, opresión o angustia, un masaje suave sobre el chakra cordial con un ópalo que contenga todos los colores del arco iris hará maravillas.

A los que padecen trastornos de la digestión se les aconseja que lleven un ópalo de fuego, que tiene acción relajante y antiespasmódica sobre los órganos abdominales, sobre todo si previamente se ha calentado la piedra por exposición al sol. También se recomiendan las friegas con un bálsamo hecho de esencia de rosas en la que se haya tenido sumergido un ópalo.

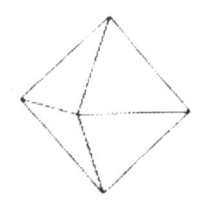

Pirita

El brillo dorado de la pirita define la correspondencia con el quinto chakra y nos franquea el acceso a las energías del orden superior. Estas vibraciones nos abren la puerta hacia la resolución correcta de todos los problemas, pero antes el ser humano debe haber tocado sus propios límites, porque es entonces cuando se despliega toda la eficacia de las frecuencias.

De ahí que los terapeutas la usen para remediar los estados de agotamiento intelectual. Para ello recurren a diversos métodos, pero uno de los más efectivos es la administración de infusiones de pirita, salvia, llantén y miel.

Para ello se toman unos cinco gramos de hoja fresca de salvia y otros cinco de raíz de llantén, se pica todo muy fino y se le echa un cuarto de litro de agua hirviendo; añadimos luego 4 cucharadas de miel, removemos hasta su dilución completa y luego le sumergimos el ejemplar de pirita. Ahora sería recomendable hervir la infusión en un recipiente de vidrio pyrex, el cual pondremos luego al sol hasta que se haya enfriado la infusión. De este brebaje tomaremos una cucharadita varias veces al día.

Otro procedimiento son las compresas de pirita. Se empapa un paño en la infusión y después de escurrirlo, envolvemos la pirita en él y lo posicionamos todos los días media hora sobre la frente y luego sobre el chakra de la garganta.

Pirita de hierro

De color pardo, rojo o amarillento, es uno de los minerales más corrientes y se encuentra en todas las partes del mundo. Pero su misma sencillez, su humildad, la hace idónea para vigorizar el psiquismo humano. Gracias a ella comprendemos que no somos más que una pequeña parte del cosmos; nos enseña a no exagerar la importancia de nuestros asuntos, a ser moderados en nuestras exigencias y aspiraciones. Por su brillo sedoso es ideal para la manipulación sedante y los terapeutas la recomiendan con frecuencia a los tímidos e inseguros. Mientras damos vueltas al ejemplar entre los dedos notamos un asidero firme; es una piedra modesta pero fuerte, lo mismo que muchos de nosotros.

Un elixir de pirita de hierro facilita el restablecimiento después de una fuerte hemorragia; un vaso de agua al día es buen reconstituyente y favorece la regeneración. Para obtenerlo basta sumergir un par de piedras en el agua; las dejamos toda la noche en reposo y lo tomamos a sorbos en ayunas, a primera hora de la mañana.

Rubí

Es una de las piedras más apreciadas y deseadas. Su color rojo, a menudo con levísimo matiz azul, simboliza el amor en todas sus formas, la fuerza elemental de la sexualidad, los placeres de la creatividad. La pasión que induce el rubí es vigorosa y sin malicia.

A los fatigados y desmoralizados, a los que no ven claro el futuro ni hallan en sí mismos confianza para afrontarlo, el rubí puede refrescarles y renovarles la energía vital del chakra base, e infundirles fe y valor.

Los conocimientos de los sanadores tradicionales resultan corroborados en parte por los estudios de la medicina moderna. El fuego rojo del rubí tonifica la actividad cardíaca y favorece el riego sanguíneo.

Contra los dolores de cabeza se colocará dos veces al día un rubí sobre el centro corona durante unos 45 minutos, según recomendación de la monja Hildegarda, pero retirando la piedra tan pronto como empecemos a notar el calor de las vibraciones.

El vino de rubí previene contagios y fortalece las defensas del organismo. Se prepara sumergiendo durante cuatro días un rubí en vino tinto seco, teniéndolo a oscuras en una bodega donde la temperatura ambiente no exceda de 10 °C. Transcurridos los cuatro días, tomaremos todas las noches un vasito de vino antes de acostarnos; el rubí puede quedar dentro del recipiente, ya que así se intensifica su efecto. Al cabo de algún tiempo, sin embargo, convendrá purificarlo y recargarlo poniéndolo en agua corriente y secándolo luego a la luz de la luna, lo cual restablecerá el vigor de sus frecuencias.

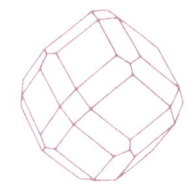

Sodalita

La sodalita es una piedra de color azul oscuro con inclusiones de color gris o blanco; sus vibraciones son densas y expresan una vinculación estrecha entre la luz y la materia. Es recomendable para todos los que tienden a poner demasiada fe en sus propias fantasías, y que así pierden el contacto con la realidad. Con la ayuda de la sodalita volverán a colocar los pies en tierra.

Esta piedra infunde tranquilidad y perseverancia, cualidades que nos ayudarán a defender nuestros puntos de vista, no con obstinación pero sí con la firmeza necesaria.

En las aplicaciones terapéuticas se aprovechan las cualidades tranquilizantes y armonizantes de la sodalita para reequilibrar el sistema endocrino. También sirve, por ejemplo, para sosegar a los niños agitados, es decir aquellos que presentan un exceso de actividad motora debido, entre otras cosas, a una alimentación errónea con abundancia de azúcares y otros hidratos de carbono. El niño llevará la piedra sobre la piel desnuda.

Otro remedio empleado a menudo contra los trastornos de la motricidad infantil es un «bebedizo» a base de sodalita. Se prepara una infusión de tila con miel y sumergiremos en ella durante siete días un espécimen de sodalita; el recipiente debe tenerse bien tapado y en lugar oscuro. Transcurridos los siete días se le administrará al niño una cucharadita de infusión todas las mañanas. La piedra debe quedar dentro del recipiente. Cuando se haya terminado el líquido, sacaremos la piedra para purificarla y regenerarla, aunque no debe colocarse a plena luz del sol; este mineral prefiere la penumbra.

El color azul de la sodalita relaja y tranquiliza el centro energético frontal.

Topacio

Se presenta en hermosos cristales rómbicos de color amarillo, y guarda correspondencia con el tercer chakra o centro del plexo solar. Asociamos su luminosidad con la de los rayos del sol, que vivifican y calientan todo lo que existe en el mundo. Como una jornada primaveral después de un largo invierno, el topacio restaura nuestras energías, nos comunica deseos renovados de hacer cosas, de emprender nuevas aventuras, de fijarnos metas inéditas. Es la fuerza que confiere optimismo al hombre y le augura las mejores probabilidades de éxito.

El genial Miguel Ángel tuvo una relación especial con el topacio dorado, y dijo en cierta ocasión:

«El topacio es la gema que nos muestra la vía hacia la sección áurea, porque es el punto medio entre el cielo y la tierra, influye sobre la parte media del cuerpo humano y sus oscilaciones nos llevan al centro del mundo espiritual.»

Esta piedra nos enseña a armonizar en nuestro fuero interno la plenitud de la naturaleza y de los sentimientos y las ideas de los humanos con el cosmos; cuando se logra esta sintonía el organismo se hace prácticamente invulnerable a las bacterias, así como a las irradiaciones nocivas y a los pensamientos ruines o maléficos.

La medicina vibracional suele recurrir al topacio para liquidar tensiones o bloqueos en el centro del plexo solar. En caso de abulia o falta de motivación el topacio puede impulsarnos a emprender nuevas iniciativas.

Sirve también el topacio para aliviar la fatiga de los nervios gustativos, para lo cual nos pondremos un espécimen en la boca desde primeras horas de la mañana. Lo mejor es guardarlo en un carrillo y quitárnoslo sólo para comer.

Por la gran intensidad de su irradiación y la uniformidad de sus vibraciones el topacio permite alcanzar resultados asombrosos contra el sarampión y las paperas. A este efecto se sumerge el topacio durante diez minutos en una mezcla de leche y vino blanco; luego lo sacamos y lo ponemos en agua corriente para purificarlo. Empapamos un paño en el líquido confeccionando una compresa que se colocará sobre las mejillas y la región del cuello, cubriendo desde luego la garganta. Al cabo de pocos minutos el paciente notará el alivio y podrá descansar.

Turmalina

Este nombre designa toda una familia de minerales. Son fundamentalmente borosilicatos de aluminio y reciben diferentes nombres: la incolora (*acroíta*), la roja (*rubelita*), la verde (*verdelita*), la parda (*uvita*), la azul (*indigolita*); también hay ejemplares de color negro, debido a un elevado contenido ferroso.

Cada una de estas turmalinas reviste un significado diferente y tiene distintas aplicaciones en litoterapia. Las diferentes vibraciones producen efectos específicos en relación con las energías sutiles y los centros del organismo humano, y por tanto merecen una explicación algo más detallada.

La turmalina cristaliza en columnas de sección triangular curva. Simboliza el progreso y el éxito. Tiene finas estrías longitudinales que modulan sus vibraciones, y estas frecuencias son de suma importancia para el cuerpo, la mente y el alma, pero debido a su intensidad relativamente escasa requieren gran concentración y atención.

Si nos aplicamos a ello, las energías de este mineral despertarán nuevas fuerzas en nosotros y la posibilidad de ponernos en relación con la gran reserva cósmica; es una liberación que nos abre a nuevas experiencias espirituales.

La turmalina roja, o más exactamente rosada, sensibiliza nuestro corazón permitiéndole captar las vibraciones más sutiles del amor, y nos infunde felicidad y optimismo de cara al porvenir, así como capacidad para disfrutar la alegría originaria del juego y de las manifestaciones artísticas como la danza y la música. El efecto relajante es obvio.

La turmalina negra tiene especial eficacia protectora, por cuanto desvía y aleja de nosotros las energías perjudiciales y los influjos nocivos. Pero no absorbe estas vibraciones negativas como sucede con otras piedras, sino que las retorna a la naturaleza, y es de observar que el reino animal y el vegetal procesan esas energías con eficacia muy superior a la del ser humano. Pero las cualidades de la turmalina potencian además las energías positivas, que son las que nos infunden perseverancia y disciplina. Se recomienda un colgante de turmalina negra a todos cuantos se hallan faltos de voluntad en el desempeño de sus cometidos diarios.

La turmalina verde es, de entre todas las piedras de ese color, la más idónea para revitalizar nuestros centros de energía, poniéndolos en condiciones de recibir todas aquellas vibraciones y corrientes que rejuvenecen y tonifican; así fortalecidos, acometemos los objetivos propuestos con más ímpetu y podemos alcanzar solvencia y fama. Por otra parte la turmalina verde compensa la tensión sanguínea. A los hipertensos se les recomienda sumergir una turmalina verde en las esencias florales de Bach; esta combinación de las potencias minerales con las vegetales multiplica la eficacia terapéutica sutil.

La turmalina azul se emplea para tratar la hinchazón de piernas y pies. Para ello se colocan sobre las rodillas sendos especímenes azules, a ser posible sin tallar, y otros tantos debajo de los pies, en tres sesiones diarias hasta que se observe mejoría apreciable.

Potencia esta variedad, además, la facultad de vivir experiencias espirituales, ya que libera el espíritu y nos hace más receptivos ante las bellezas de la naturaleza. Basta llevar una turmalina azul para percibir con más nitidez los colores y los matices de los paisajes que observamos. Los terapeutas la utilizan asimismo para potenciar el sistema inmune y aportar nuevas energías al cuerpo y al espíritu. En particular se ha evidenciado eficaz contra ciertos trastornos del equilibrio, como el vértigo. A este efecto se posicionan turmalinas sobre los oídos y sobre el chakra frontal, aunque la de color negro es más idónea para esta aplicación.

Turquesa

Guarda correspondencia con el quinto chakra o centro de la garganta. Sus colores suaves, pero de gran luminosidad, despiertan en nosotros la facultad del conocimiento intuitivo. Asimismo nos comunica facilidad para expresar con claridad nuestras ideas y nuestros pensamientos. Sus poderes constructivos y positivos nos permiten recibir las energías vigorizantes del cosmos para que influyan en nuestro cuerpo y nuestro espíritu.

Dichas energías confieren optimismo a los humanos, y por consiguiente los dotan de irradiación positiva; ésta es captada instintivamente por las personas que nos rodean, quienes captan en nosotros la satisfacción y la armonía y ello las induce a actuar en consecuencia.

En las culturas de la antigüedad la turquesa siempre fue apreciada como piedra de la suerte y curativa. Cuando los hombres salían a cazar, o cuando los guerreros iban a la batalla, sus mujeres les daban una turquesa para que les sirviera de talismán contra las derrotas o la falta de piezas.

Hoy se emplea para tratar las afecciones pulmonares y de la garganta, colocándola sobre el chakra que gobierna estas regiones. También resulta muy eficaz en los casos de dificultad para la comunicación; a los niños que cecean o tartamudean, por ejemplo, se les recomienda que lleven una turquesa colgada de una cadena corta. Ésta debe ser de un metal puro y si no se encuentra, es preferible recurrir al cuero, ya que las aleaciones metálicas podrían perturbar las vibraciones de la turquesa retardando el éxito terapéutico.

Para un tratamiento más intenso, colocaremos además la turquesa todas las mañanas y todas las noches sobre el chakra de la garganta y el chakra cordial, por lo menos quince minutos cada vez.

Zafiro

El zafiro es una forma alotrópica del corindón y se presenta en variantes de color azul, azul claro o verdoso e incluso amarillo. No confundir con el zafiro de Brasil, que es una turmalina azul, ni con el falso zafiro, que es un cuarzo azulado.

La variedad más apreciada es la de color azul brillante; como alberga en sí todos los colores del cielo, infunde felicidad y demás influjos positivos al espíritu humano. Guarda correspondencia con el sexto chakra, o centro frontal, y nos abre los ojos a la creación divina y al amor eterno. Gracias a él distinguimos la chispa divina que alberga hasta el ser más diminuto de la creación considerada en sus tres reinos, el animal, el vegetal y el mineral.

La moderna litoterapia utiliza siempre los zafiros sin engastar, para que las aleaciones metálicas no perjudiquen las vibraciones ni la irradiación del zafiro. Se prepara un elixir de zafiro para combatir los barros e impurezas de la piel. Basta sumergir durante algunos minutos un ejemplar en agua fresca, la cual utilizaremos para lavar la región afectada.

Además el zafiro potencia la concentración y la capacidad para el estudio. A este objeto nos introducimos un ejemplar en la boca, por la mañana, hasta que la piedra se haya templado a temperatura corporal. Seguidamente la colocamos en una bandeja llena de rocío y pétalos de rosa, y lo cubrimos todo bien. Por la noche, antes de acostarnos, pondremos uno de esos pétalos debajo de la almohada. Hay que perseverar durante seis meses por lo menos, seguidos de una pausa de uno a dos meses.

Dicho descanso servirá también para regenerar la piedra. La purificaremos con agua y la recargaremos exponiéndola todas las mañanas a la luz del sol, puesta sobre un lecho de rocío, hasta que se haya calentado bien. Con este tratamiento intensificaremos su brillo y la potencia de sus vibraciones.

Reglas y consejos para la autoterapia con las piedras preciosas

1. Para tratarse uno mismo se necesita tiempo y tranquilidad; si prefiere usted prescindir de la ayuda de un terapeuta avezado, debe tomar sus disposiciones para evitar que le molesten mientras se está tratando, lo cual rompería la concentración. El tratamiento con piedras preciosas no se despacha como quien lee el periódico.

2. Busquemos una habitación en donde nos encontremos a gusto, bien ventilada y puesta a temperatura que nos parezca agradable. Según nuestras preferencias pondremos un ambientador, o quemaremos algo de incienso. Una música suave de fondo suele relajar y sosegar; además permite armonizar las vibraciones de los centros energéticos y de los minerales.

3. Antes de la sesión purificaremos todas las piedras que vayamos a utilizar, y si nos parece necesario las recargaremos.

4. Procure concentrarse totalmente en las piedras, cierre los ojos y visualice los colores y la irradiación de esas fuentes de energía; esto le servirá para desterrar de sus pensamientos las preocupaciones y el estrés de todos los días.

5. Durante la sesión, controle su ritmo respiratorio y sus sensaciones propioceptivas. Es el momento de no pensar en otra cosa sino en sí mismo. Escuche las voces de su fuero interno. El efecto de las piedras preciosas es sutil, apenas perceptible al principio, pero usted irá desarrollando con la práctica su capacidad para captar esas vibraciones.

6. Si va a elegir sus piedras por sí mismo, antes le conviene diagnosticar su propio estado de cuerpo y mente. Procure averiguar qué es lo que le deprime o le preocupa, y dónde nota dolores y cuál podría ser la causa de éstos.

7. La duración de los tratamientos varía individualmente, y dentro de márgenes muy amplios; los sujetos sensibles captarán más pronto las vibraciones sutiles de las piedras y notarán un calor agradable que les recorre el cuerpo.

Consejos para la elaboración de elixires de gemas

1. Llenamos un vaso corriente de agua o una jarra de vidrio (diámetro mínimo de la boca superior 5 centímetros) con agua fresca de manantial o, en su defecto, agua mineral sin gas.
2. Sumergimos la piedra elegida en el recipiente con agua y, salvo indicación contraria, hacia mediodía sacamos el recipiente al sol, colocado sobre un paño blanco, para tenerlo expuesto una hora por lo menos. En días nublados deberá permanecer expuesto durante toda la jornada.
3. Si queremos potenciar el intercambio de energías podemos disponer alrededor del recipiente, en forma de cruz, cuatro cristales de cuarzo con los vértices mirando hacia el agua, los cuales representan los cuatro puntos cardinales.
4. Frótese las manos y manténgalas durante unos tres a cinco minutos sobre el recipiente. Al mismo tiempo visualizará un resplandor luminoso del mismo color que la piedra, imaginando cómo penetra esa energía en el agua por mediación de sus manos.
5. Para combinar la virtud de las plantas con la de los minerales, pueden añadirse al agua esencias florales como las de Bach, esencias de California o elixir de orquídeas.

LOS PLANETAS, LOS SIGNOS DEL ZODÍACO Y LAS PIEDRAS PRECIOSAS QUE LES CORRESPONDEN

CORRESPONDENCIAS MISTERIOSAS ENTRE LOS PLANETAS Y LOS MINERALES

En todas las épocas y en todas las culturas los humanos prestaron atención a la fuerza misteriosa de las gemas y a sus correspondencias planetarias. Esta relación íntima entre las vibraciones de los planetas y las de los minerales se transfiere a los humanos. Son conocidas las influencias zodiacales sobre el carácter de las personas; en cambio suele existir bastante confusión en cuanto a las correspondencias litológicas, y vamos a intentar despejarla en lo que sigue.

Asignaciones que vinculan las piedras preciosas con los planetas y los signos zodiacales

Las razones de la confusión aludida se explican fácilmente. En primer lugar, no todas las culturas conocieron los mismos minerales; segundo, todos ellos, lo mismo que todas las plantas y también nosotros los humanos, reciben las influencias de los diez planetas. Sin embargo las correspondencias pueden detectarse, si se presta atención al influjo planetario principal.

Es exactamente lo mismo que hace la astrología en relación con el ser humano. El que tiene la costumbre de leer su horóscopo lógicamente conoce el signo zodiacal que le corresponde; pero quien haya estudiado el tema en profundidad no ignora que todos los planetas nos influyen, y también los signos en donde se sitúa nuestra Luna o nuestro Ascendente. De ahí que no todos presentemos las características del signo natal; si prevalecen los influjos de otra determinación de nuestra carta astral, o la presencia de configuraciones planetarias peculiares, nuestro carácter resultará notablemente modificado.

El que un mineral determinado nos aporte salud o buena fortuna no depende tanto de la composición química como del espectro vibracional que aquél contiene o emite. Dicho espectro correlaciona con el planeta dominante, e incluso llega a apreciarse en un segundo plano el subdominante, como influjo todavía más sutil que el primero.

Aries

Quiere ser siempre el primero y el mejor... y muchas veces lo consigue.

El Aries es un temperamento voluntarioso, de tendencia positiva. Y así es su vida. Persigue sus objetivos con insistencia y va apartando todos los obstáculos que encuentra en su camino. Si tropieza, se rehace en seguida. Nunca pierde de vista sus propósitos, ni en la vida privada ni en la profesional. El Aries siempre aplica su energía a las metas realistas y realizables, y muchas veces manifiesta en ello notable inventiva. Suelen conservar sus ímpetus hasta la vejez, y así no es extraño que comiencen una nueva vida a la edad en que otros se jubilan, siempre y cuando valga la pena para ellos.

Como sujeto regido por la voluntad, el Aries se siente desgraciado cuando no tiene las riendas en las manos. Por eso le resulta difícil entregarse; para él la entrega es sinónimo de pasividad y debilidad. Cuando se descubre a sí mismo un punto débil, reacciona con impaciencia y arbitrariedad, tratando de disimular ese descontento que siente consigo mismo. Pero no hay que tomárselo a mal, pues tampoco los Aries son rencorosos. Tienen otras cualidades buenas, como son la perseverancia, la generosidad, el sentido de la justicia y la franqueza. En esto último exageran a veces; lo que para ellos puede ser un motivo de broma, otros lo juzgan una impertinencia enorme. Pero Aries no tiene inconveniente en pedir perdón cuando nota que se ha excedido.

Las piedras de los nacidos bajo el signo de Aries:
La amatista puede ser un buen complemento para su personalidad, enseñándole a entregarse y mostrándole el camino de los propios valores espirituales. Con la fuerza de voluntad que le caracteriza y con

la energía roja de la amatista, el Aries podrá realizar las verdades que merece por su ímpetu vital y su capacidad para la acción.

La hematites le ayuda a depurar y renovar sus fuerzas físicas. En lo psíquico actúa como soporte de su paciencia y tolerancia, sin debilitar su vigor e impulsividad; le refrena cuando pica demasiado alto y le ayuda a entrar de nuevo en sintonía con la realidad. Y cuando sobrevienen los tiempos difíciles, la hematites le devuelve el valor y la confianza en sí mismo que necesita para rehacerse, teniendo en cuenta que el obstinado Aries no se rinde nunca.

El diamante con su luz pura y radiante le excita a buscar la plenitud más alta. Al mismo tiempo esa luz clara le sirve para ver sus propias debilidades, y eso le permite combatirlas conscientemente. Sea porque haya elegido un estilo de vida equivocado, o porque su impaciencia le haya jugado una mala pasada, el Aries sabrá rectificar en función de esos objetivos que nunca pierde de vista.

El granate con su ardor rojo corrobora la confianza del Aries en sí mismo y le ayuda en sus intenciones positivas. Es una piedra importante para él porque concentra sus facultades y contrarresta su tendencia a la dispersión.

La carnalina restablece su vinculación con la tierra y le ayuda a no olvidar lo presente y lo contingente en medio de tantos planes y ambiciones. Como también sabe disfrutar de la vida, la carnalina le ayuda a tomarse de vez en cuando los indispensables descansos, a hacer un alto en el camino de sus afanes.

El rubí le socorre cuando faltan las ideas, porque favorece la intuición y la creatividad.

Tauro

Una familia feliz, una casita en el campo: para muchos Tauro, no hay nada más grande.

Tauro reflexiona antes de actuar; las decisiones rápidas, tal vez precipitadas, no son de su estilo. El nacido bajo el signo de Tauro sabe que en la naturaleza todo reclama su tiempo para madurar. Y por eso, él también se toma el tiempo necesario para madurar sus ideas y sus representaciones; pero cuando decide ponerse en marcha, su perseverancia y su obstinación le permiten alcanzar siempre lo que se ha propuesto.

Tauro es un signo de fuertes vinculaciones telúricas; le importa sobre todo el preservar la vida familiar. Es capaz de cualquier sacrificio por su pareja y sus hijos.

Los cambios y las innovaciones encuentran en Tauro un observador escéptico. Más que otra cosa le preocupa la seguridad material. Exprime cada moneda y por eso muchos le juzgan tacaño, cuando no avaricioso. Lo cual es injusto, porque Tauro se comporta generosamente con los amigos y sería capaz de quitarse la camisa si ve que otro la necesita... pero sólo si la necesita de veras. Los Tauro no persiguen la notoriedad ni el relumbrón del escenario; prefieren actuar entre bambalinas, en un segundo plano, escogiendo cautelosamente sus posiciones. En esto reside su verdadero talento; tras haber meditado a fondo los problemas suelen dar siempre con la solución más práctica. Por lo general son hábiles en los oficios y aficiones manuales.

Son grandes fajadores, encajan bien y pegan duro, pero si alguna vez se exceden y ven que han herido demasiado a la persona criticada, su buen corazón les induce a perdonar con facilidad.

Las piedras de los nacidos bajo el signo de Tauro:
El ágata favorece la tendencia reflexiva y práctica de Tauro; la protección de este talismán le ayudará a realizar serenamente sus concepciones y a saber administrar mejor sus recursos.
La crisocola le abre los ojos a las bellezas de la naturaleza y le permite comprender la unidad de lo celeste con lo terrestre. De esta manera pone en marcha vibraciones favorables que enriquecen y hacen más feliz su existencia, atenuando la influencia negativa de los bloqueos y las tensiones.
El diamante desarrolla sus facultades intuitivas y le permite abarcar ideales superiores, más allá del mero bienestar personal. Su luz clara y sus frecuencias altas van a hacer posible la identificación con la parte más noble de su yo.
La malaquita le permite asumir mejor los cambios y las novedades, demostrándole que el cosmos se halla en perpetua evolución y que también el ser humano, como parte de ese cosmos, necesariamente cambia y evoluciona. Ello le sirve para comprender y aceptar mejor los ciclos eternos.
El cuarzo rosa propicia la atención al cuerpo y por consiguiente permite que el Tauro se trate a sí mismo con un poco más de considera-

ción, de manera que cuando el estrés profesional o las preocupaciones personales le agobian, sepa buscar el reposo y la relajación. Con lo cual se despeja la mente y pueden acometerse las necesarias reflexiones que los problemas exigen.

La esmeralda con su color verde confiere algo de agilidad y espíritu juvenil al temperamento a veces excesivamente reflexivo de los Tauro. Potencia su intuición e infunde agilidad a sus procesos mentales, con lo cual rinde mejor sus frutos la concentración característica del signo.

La obsidiana, en su variedad de color rojo pardo, le comunica la sensación de tener los pies firmemente plantados en el suelo, y así le ayuda a tolerar mejor los altibajos y los cambios de la vida. Además sus vibraciones comunican la noción de la unidad entre luz y materia, y potencian la confianza en uno mismo.

La citrina con su irradiación cálida y suave le comunica al Tauro las sensaciones de seguridad y de protección que tanto necesita. Por otra parte, y como Tauro es buen comedor, la citrina colabora a la eliminación de los tóxicos y a la depuración de la piel.

Géminis

Aficionado a las novedades, su insaciable curiosidad quiere conocer hasta los horarios de los autobuses en Oklahoma.

Son tantas las cosas que se pueden vivir, experimentar y aprender que Géminis quiere conocerlas todas. Los nacidos bajo el signo de Géminis son comunicativos y muy sociables. Se relacionan con facilidad y no titubean en comentar las cuestiones más trascendentes aunque sea con una persona perfectamente desconocida, como tampoco tienen inconveniente en exponer sus propias debilidades. Ni siquiera imaginan que a una persona pudieran no importarle los problemas o las dificultades de otra.

Su don principal es la facilidad de palabra. Saben explicar aquellas cosas que los demás ni siquiera han empezado a concebir claramente con el pensamiento. Tienen la facultad de convertir inmediatamente en palabras todas las sensaciones y todas las impresiones. Su aguda inteligencia les permite considerar los problemas y las opiniones desde todos los puntos de vista, sin encerrarse en una pauta de pensamiento fija.

Esta libertad interior y la facilidad para saltar de una perspectiva a otra pueden causar en el observador no avezado una impresión de duplicidad. A veces el Géminis cambia de opinión en un arranque súbito, cuando parecía que ya lo tenía todo razonablemente pensado y decidido.

Los Géminis son, desde luego, grandes temperamentos, seductores, ingeniosos, dotados de réplica fácil y abundante fantasía. Su afán de saber los tiene siempre en la búsqueda constante de nuevas sensaciones. Son los primeros en saber «lo que se lleva» y lo que no. Les convienen todas aquellas profesiones que exijan originalidad, espíritu abierto, flexibilidad y aptitud para la comunicación. Entonces se encuentran en su elemento. Es notable también la facilidad con que los Géminis maduros se relacionan con individuos más jóvenes, lo cual les permite aprender cosas nuevas y transmitir, a su vez, lo que ellos saben.

Las piedras de los nacidos bajo el signo de Géminis:

El aguamarina les permite alcanzar la unión con su yo interior auténtico. A la mentalidad abierta y al afán de saber del Géminis, esta piedra añade una dimensión de libertad, de posibilidades ilimitadas, y con ella puede vencer incluso las circunstancias adversas que intentan poner coto a su independencia espiritual.

El cristal de roca, en tanto que portador idóneo de la luz más pura, cuyo rayo claro contiene además todos los colores del arco iris, infunde en Géminis la máxima diafanidad de pensamiento y fomenta sus aptitudes para la introspección y la meditación, encaminándolo en el sentido correcto.

El ámbar contrarresta su afán incesante de novedades y descubrimientos. Su irradiación cálida y sus vibraciones le comunican a Géminis la confianza en sí mismo que necesita para llegar a realizar sus proyectos, y además contrarresta su tendencia a dispersarse y querer abarcar demasiadas cosas al mismo tiempo.

La carnalina es la piedra de elección para los Géminis, ya que sus colores alegres y sus vibrantes emisiones subrayan la movilidad intelectual del signo al tiempo que, por su vinculación con la tierra, le confieren un anclaje seguro evitando la dispersión de sus actividades.

El ágata musgosa le permite intuir y comprender la diversidad de las culturas y de los estilos de vida diferentes; así el Géminis se abre a todas las naciones de la humanidad y se convierte en un defensor decidido de la convivencia pacífica entre todos los humanos, o un crítico entendido en todas las formas artísticas y tendencias musicales. En líneas generales cabe decir que el ágata musgosa le facilita la comprensión para con el prójimo.

El ojo de tigre le motiva para la contemplación interior y le ayuda a centrar sus aficiones intelectuales, permitiéndole comprender que la verdadera plenitud sólo se alcanza mediante la sintonía con el cosmos.

La turquesa le preserva contra los influjos negativos y nocivos que fácilmente podrían perjudicar su aura, permitiéndole absorberlos sin pérdida de su pureza y originalidad mental.

La citrina le ayuda a captar mejor las energías de la luz, permitiéndole dilucidar los conflictos emocionales y resolverlos mejor. Le ayuda a realizar sus inspiraciones espirituales en la vida cotidiana y de esta manera enriquece su vida afectiva.

Cáncer

Valora por encima de todo la vida doméstica y no permite que nadie se entrometa en sus asuntos de dinero.

La seguridad es su preocupación primordial; por eso quiere tener previsto el futuro hasta el más mínimo detalle. Razón por la cual valora sobremanera la constancia, tanto en la vida profesional como en las relaciones sentimentales. Cuando elige su pareja lo hace tras larga y madura reflexión, y seguramente permanecerá con ella hasta las bodas de oro. No cambiará de empleo sino después de asegurarse por todos los medios a su alcance, y sólo cuando el puesto de trabajo anterior haya agotado todas las posibilidades de progresar. Cáncer tiene un temperamento tierno y un gran sentido protector; es un magnífico tutor de la vida joven y gran aficionado a las mascotas.

Por idénticas razones, concede mucha importancia a la vida en familia. Fuertemente dominado por su emotividad, Cáncer es de fidelidad inconmovible en sus afectos. Las despedidas constituyen para él otros tantos traumas de muy difícil superación, y tarda mucho tiempo en consolarse de la pérdida de un ser querido.

Es muy susceptible y cuando se le ofende, tiende a encerrarse en su caparazón. En vez de luchar por sus derechos, prefiere callar y sufre en silencio sin participar a nadie sus problemas. Sobrelleva sus penas a solas; le cuesta confiar a otros las cosas que le angustian o preocupan. Como consecuencia, se da entre los Cáncer una proporción muy alta de úlceras de estómago y desarreglos intestinales.

Mientras sufre en silencio, el Cáncer suele consolarse buscando refugio en el mundo de la fantasía. Cuando está sumergido en sus ensoñaciones le desagrada sobremanera que le saquen de ellas, porque mientras sueña imagina un mundo perfecto en donde él habría encontrado su lugar.

Por otra parte, los Cáncer tienen rica fantasía y una fértil creatividad, aunque precisan de un ambiente tranquilo y propicio para desarrollarlas. Quiere ser elogiado y estimulado, o de lo contrario se bloquea.

Hallamos a menudo en los Cáncer una ambición sorprendente, y ésta muchas veces le permite superar la sensación de inferioridad que le suscita este mundo en el que sólo cuentan los valores materiales y los éxitos económicos. En tal sentido el Cáncer constituye un buen ejemplo para todos los demás.

Con su extraordinaria fantasía y su abundante imaginación, Cáncer es un magnífico introductor en el mundo de los astros, de la creación divina y de las relaciones cósmicas ocultas.

Las piedras de los nacidos bajo el signo de Cáncer:

La aventurina les aporta la tranquilidad y el contento de corazón. Cuando su mundo sentimental amenaza hundirse en el caos, la aventurina verde puede restablecer el equilibrio y la tranquilidad, mostrarle los caminos de la naturaleza, que todo lo cura, y despejar su mirada para que capte las oscilaciones constructivas y armoniosas del cosmos.

La calcedonia en su variedad de color blanco, entre lechoso y plateado, es el mejor talismán para el cáncer que se ha refugiado en su coraza y que, incomunicándose a sí mismo, no consigue despejar las vibraciones negativas. La calcedonia reequilibra, restablece la relación armónica con el cosmos, y entonces el Cáncer vuelve a encontrar los caminos de su creatividad libre, acierta a expresarse y rompe los impedimentos que él mismo se había impuesto.

La carnalina, mineral vinculado a la tierra, le ayuda a superar las despedidas y las separaciones, para él tan difíciles. Así comprende que todo cambia en la naturaleza, que en el universo nada permanece igual y sus vibraciones eternas determinan la evolución vital de todos y cada uno de nosotros.

El jade le infunde al nativo de Cáncer confianza en sus propios sentimientos. Le proporciona la seguridad que necesita para desplegar plenamente su fantasía y su creatividad. Una piedra natural de jade o una bola, siempre a punto en el bolsillo para hacerla girar entre los dedos, le comunicará el aplomo indispensable para enfrentarse con éxito a cualquier situación, por difícil que sea.

La piedra de la luna o labradorita le permitirá comprender que las aspiraciones por sí solas, y por elevadas que sean, no alcanzan ningún objetivo. Le sacará de sus ensoñaciones y le devolverá a la realidad, sin que por ello eche en olvido su afán de lograr la plena iluminación.

El ópalo le enseña que sus emociones guardan correspondencia con las vibraciones del cosmos y por tanto están justificadas, aunque a él le cueste hacerlo comprender al mundo que le rodea. Estamos aún en los comienzos de la era de Acuario y el mundo de la emotividad todavía no ha logrado la aceptación común. El ópalo ayuda a Cáncer en su búsqueda de la armonía.

La rodocrosita, en donde se combinan el rosa y el anaranjado, revigoriza la confianza de Cáncer en sí mismo, le abre los ojos a determinadas circunstancias y experiencias de su vida que en principio no deseaba ver o admitir. Esta actitud de cerrazón frente a las realidades, a la larga puede originar un debilitamiento de la vista, lo cual se previene mediante el empleo de la rodocrosita.

La esmeralda le confiere a Cáncer estabilidad, al evitar los altibajos demasiado fuertes de su sensibilidad. En su color verde se halla el símbolo de la vida, y sus vibraciones preservan de influjos negativos a los Cáncer permitiéndoles hacer frente a las adversidades.

La sodalita potencia las facultades del espíritu. Su color azul celeste modera los excesos de la sensibilidad y favorece el predominio de la razón. Además contrarresta la tendencia a encerrarse en sí mismos tan peculiar de los Cáncer.

Leo

Es ambicioso, seductor, y le encanta sentirse objeto de la admiración ajena.

El signo del León está regido por el Sol y ello determina en gran medida el carácter de los nativos. Así como los planetas giran alrededor del Sol, que mediante sus cálidos rayos les comunica la energía vivificante, así también Leo gusta de ser el centro de todas las reuniones. Su aura de fuerza y su mentalidad positiva contagian a cuantos le rodean. Es discutidor y jamás rehúye una polémica.

Seguro de sí mismo y pletórico de fuerza, suscita en los demás optimismo y deseos de hacer cosas.

Por su temperamento independiente y soberano, hay algo que Leo no soporta, y son las normas y los reglamentos que quieren coartar su creatividad. No se adapta bien al papel de subordinado; de ahí que en las jerarquías altas se encuentre un número de nativos del signo superior al promedio de la población. El desempeño de un cargo les permite decidir libremente y dictar normas propias. Leo es un jefe justo y que exige mucho a sus subordinados, aunque nunca demasiado.

La admiración y los elogios de los demás llegan a ser indispensables para el Leo que no ha comprendido todavía el papel central y el simbolismo de su misión solar. Para ésos la posición social prevalece por encima de cualquier otra consideración, y lucharán sin escrúpulos y sin compasión con tal de conseguirla. El que así actúa, sin embargo, agota sus propias fuerzas físicas y psíquicas a tal punto, que un simple resfriado puede ser suficiente para tumbarlo. Entonces lo pasa muy mal, se siente muy abatido y agradece mucho que se le cuide y se le atienda, ya que entonces vuelve a sentirse el centro de las miras de todo el mundo.

Con su encanto e inteligencia, Leo no tarda en advertir esas tendencias negativas de su propia personalidad y se alejará de ellas, prefiriendo cultivar los aspectos más luminosos de su carácter y combatiendo conscientemente los influjos nocivos que podrían inducirle a recaer en aquéllas.

Las piedras de los nacidos bajo el signo de Leo:

El cristal de roca le comunica a Leo la fuerza necesaria para hallar el centro de su propia manera de ser y amplificar sus vibraciones beneficiosas. Su luz entre amarilla y dorada le recuerda los rayos del sol, su calor y su luz. En tiempos de inseguridad y de trastornos, todo eso le permite recuperar su antiguo aplomo y el optimismo que les es peculiar.

El diamante es la gema que tiene la luz más clara, e infunde en Leo el afán de parecerse a esa luz mediante sus propias emociones y sentimientos. Leo suele ser aficionado a dar siempre el tono, pero la irradiación concentrada del diamante le recuerda que «vale el que sirve», y esto lo mismo en la vida profesional que en las relaciones sociales y en el dominio de los afanes espirituales. Bajo la influencia del diamante, Leo alcanzará el nivel máximo de vibración física.

El granate le ayuda a desarrollar su fuerza de voluntad y su capacidad para imponerse. Encauza la sexualidad en una dirección adecuada para que llegue a conocer la profundidad del amor en sus más bellas expresiones. Y multiplica el atractivo solar del León, ensanchando la irradiación de su aura optimista.

La selenita, de suave brillo nacarado, le enseña a ser reflexivo y discreto. Éstas son cualidades que Leo no exhibe de manera natural, sino que debe aprenderlas; la selenita le ayuda a hacerlo, y con ello su simpatía y su seducción brillarán más entre las personas que le rodean.

El ojo de tigre mejora la flexibilidad intelectual de Leo y le confiere aptitud para la introspección, para que sepa ver sus propios puntos débiles y sus limitaciones. Leo necesita aprender que el bienestar y la satisfacción no dependen sólo de los éxitos mundanos ni de las propiedades materiales alcanzadas, sino que también son cuestión íntima, de actitud espiritual.

La turmalina tiene para él una potencia especial. Las líneas paralelas de su estructura orientan las corrientes microeléctricas y las transmutan en flujos de energía positiva. De esta manera los Leo superan su frecuente propensión a sufrir enfermedades imaginarias (*hipocondríacos* se llama tradicionalmente a los sujetos de tal temperamento).

El ónice debe ser negro puro, y entonces constituye un talismán susceptible de cooperar al éxito de las ambiciosas empresas de Leo. Cuando éste note bloqueada su fantasía y falta de vuelo su creatividad, el ónice le servirá para disipar los influjos negativos y recobrar la libertad de espíritu.

La citrina con sus vibraciones suaves lo sosiega y relaja, evitando que se agote en la persecución de sus objetivos. Al mismo tiempo le hace comprensivo y cariñoso, evitando que llegue a ser demasiado duro para con los demás.

Virgo

La claridad de su inteligencia les permite superar todos los altibajos de la fortuna; además los Virgo son amigos constantes.

Los Virgo suelen reflexionar mucho sobre lo que les conviene a ellos y a sus familias. No son muy dados a la espontaneidad. Les gusta el orden y el método en todo, y por eso suelen programar sus asuntos con la meticulosidad de una campaña militar, incluso en el amor. Estas personas escriben en un papel una lista de las cualidades positivas y negativas de un posible pretendiente, con objeto de analizarla antes de decidirse a darle el sí para toda la vida.

Por su amor al orden, a veces los Virgo parecen un poco pedantes a los demás. Acuden a sus citas con extraordinaria puntualidad, y la exigen a su vez. Y no dejan que sus preocupaciones o penas personales interfieran con el cumplimiento de lo prometido. Quieren tener bajo control las emociones y el desarrollo de los acontecimientos.

El inconveniente de estos rasgos de carácter puede ser una cierta incapacidad para darse, una sumisión demasiado estricta a las reglas y a los principios. Rechazan, incluso con cierta altivez, todo cuanto no pueden abarcar con sus conocimientos y su razón, todo lo que les parece raro e inexplicable; de esta manera es posible que se cierren para siempre al mundo de lo espiritual y de las manifestaciones divinas. Pero si evita la obsesión del orden y el exagerado amor al detalle, el Virgo puede ser muy enriquecedor para las personas que le rodean, y él a su vez participará de la rueda inmensa del cosmos.

Ciertamente las relaciones con los demás no les resultan fáciles, pero el que tiene por amigo a un Virgo puede considerarse afortunado, pues son muy fieles así en el amor como en la amistad, y entonces no regatean su entrega.

Las piedras de los nacidos bajo el signo de Virgo:
La azurita con su luz aporta claridad y verdad a los espíritus, y por lo que concierne a los Virgo, esto les sirve para no dejarse dominar

por su afición al orden y a las normas. Cuando el rayo azul de la azurita logra abrirse paso y movilizar las energías, el materialista Virgo se abre a los pensamientos románticos y espirituales, y entonces aprende a dedicarse a los demás.

La hematites le ayuda a superar tiempos difíciles, una gran pérdida, una decepción profesional o un exceso de estrés. Su brillo metálico, plateado oscuro, templa el espíritu y el Virgo sale de esta experiencia corporal y anímicamente reforzado.

El jade le confiere vitalidad y salud. Su color verde oscuro potencia los flujos energéticos entre los centros y elimina los bloqueos de los humores corporales, lo cual vigoriza el sistema inmune y despeja la confusión de los sentidos.

El jaspe corrobora la modestia y el carácter reservado de los Virgo. Subraya su sentido de la realidad y la vinculación con la tierra. Aumenta sus fuerzas físicas y psíquicas, creando así las condiciones para un mayor progreso espiritual.

El lapislázuli, por el contrario, con su color azul saturado y las motas doradas le ayuda a superar el exceso de modestia o de reserva. Esta piedra simboliza poderío y nobleza, y es de gran virtud terapéutica para el espíritu y el alma. El lapislázuli interioriza la energía de los Virgo y les ayuda a descubrir las fuentes de su propio vigor.

El ópalo demuestra visiblemente los múltiples aspectos de la vida haciendo posible que Virgo comprenda cosas en principio ocultas para él. Es el descubrimiento de la espontaneidad, de la alegría despreocupada. La contemplación de la naturaleza deviene entonces una experiencia totalmente inédita.

La sodalita, que representa, entre las piedras azules, la fuerza del espíritu, tiene vibraciones muy densas que potencian sobremanera la vinculación entre espíritu y materia. Ello fortalece la confianza del Virgo en sus propias intuiciones y le ayuda a perseverar en ellas y tratar de llevarlas a la práctica.

El ojo de tigre ayuda a huir de las estructuras demasiado rígidas y facilita el desarrollo de las tareas cotidianas. Así el Virgo consigue enfrentarse con serenidad a los pequeños detalles que normalmente lo sacarían de sus casillas. Además el ojo de tigre atenúa un poco el afán de seguridad y permite soportar con más ecuanimidad los reveses que nos inflige la vida.

Libra

Hace de su vida una obra de arte, pendiente siempre del equilibrio.

Los nacidos bajo el signo de la Balanza siempre buscan la forma de convivencia más idónea. Sueñan con una relación en la que cada uno encuentre el lugar que tenía predestinado, alcanzando ambos el equilibrio perfecto. Aunque individualistas, sus valores más altos son la justicia, la belleza y la armonía.

Los nativos del signo exhiben una envidiable soltura. Aunque se acumulen ante ellos las mayores dificultades, no pierden su optimismo, persuadidos de que acabarán por encontrar la manera de vencerlas.

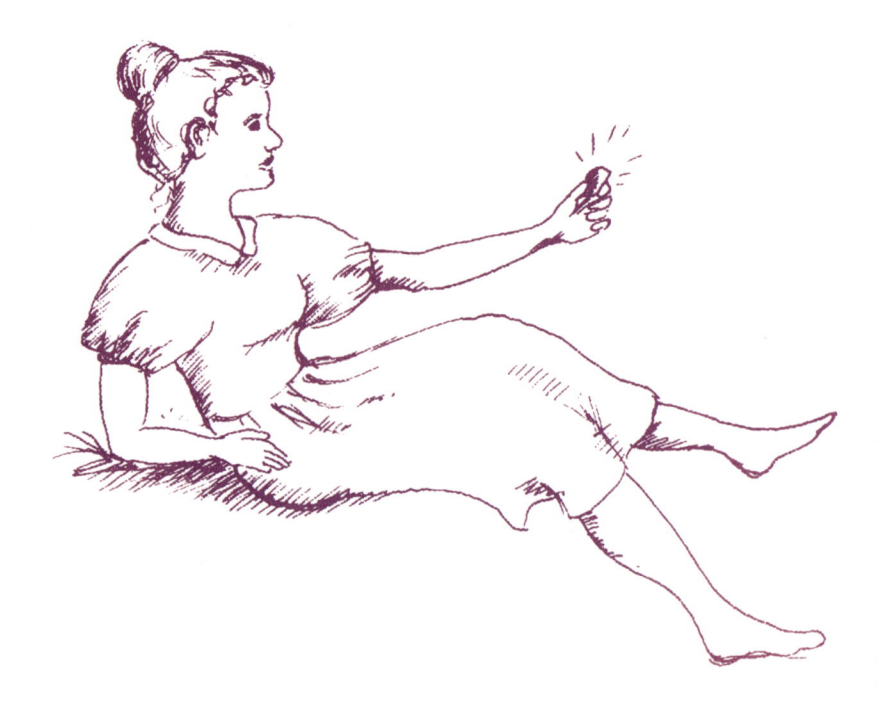

Y aunque no les gusta tomar decisiones, tienen el raro don de saber captar a tiempo el rumbo que marcan los acontecimientos y aprovechan la última oportunidad para enfilar en la dirección indicada. De este modo superan muchas dificultades y parece como si una mano invisible los sacara de apuros, ya que no suelen cometer errores irreparables. Lo que más odian son los ambientes de tensión, la falta de armonía; para evitarlos están dispuestos a admitir casi cualquier componenda, aunque les suponga una incomodidad o un perjuicio, con tal de que la paz y la tranquilidad reinen.

Cuando exageran estas actitudes contemporizadoras acaban por someterse a las voluntades ajenas, y ése es un peligro que el Libra debe evitar a toda costa. Pues todos sabemos, aunque sea en el plano subconsciente, que la pérdida de la autoestima puede enfermarnos por cuanto perjudica a las vibraciones y produce el bloqueo de los flujos energéticos.

El Libra que tiene presentes las disposiciones favorables de su temperamento y se ha planteado unas metas claras en la vida elude con facilidad esa tendencia a sacrificarse por merecer la simpatía y el afecto de las personas que le rodean.

Las piedras de los nacidos bajo el signo de Libra:

El aguamarina es una ayuda importante para los nativos de este signo, porque despeja la mente y el espíritu, y sus vibraciones protegen la autonomía del fuero interno. Así se evita la sumisión a las voluntades ajenas y se cobra aplomo para defender los propios criterios y necesidades.

El diamante con su pureza inimitable le confiere vigor al Libra y le permite descubrir intuiciones antes insospechadas, por ejemplo la necesidad de la armonía interior y la belleza espiritual del individuo. La luz del diamante le permite distinguir la infinidad de matices que despliegan los humanos, los animales y los vegetales, y cómo todas ellas armonizan, sin embargo, en la grandeza del cosmos.

La carnalina mejora la vitalidad y la actividad del Libra y le hace más atento a las exigencias de la actualidad cotidiana. Esto le permite concentrarse y favorece su productividad.

La cuncita, un silicato de aluminio y litio, les comunica paz íntima y seguridad. Este cristal tiene una luz clara de matiz rosado que ayuda a tomar decisiones con serenidad. Con su ayuda, Libra se siente más fuerte y seguro de sí mismo.

La malaquita simboliza el verde salutífero de la naturaleza y la belleza de las flores y de los vegetales en el decurso de las estaciones. La armonía de la naturaleza, el equilibrio biológico de los mundos vegetal y animal, son cualidades agradables al espíritu de los Libra. La malaquita le infunde alegría, o le consuela en épocas de adversidades y tristezas.

La obsidiana le permite distinguir con claridad sus anhelos y sueños no realizados. Esta piedra volcánica nacida de las profundidades del magma terrestre tiene vibraciones que ayudan a captar los contenidos del inconsciente. Cuando el Libra haya llegado a entender las raíces de su descontento podrá entrar en acción resolviendo así los impedimentos que le perjudican en lo físico y en lo psíquico.

El zafiro corrobora los buenos propósitos y las intenciones de los nativos de este signo. Prescindiendo de oportunismos y de inseguridades, sabrá superar la indecisión y llegará a sentirse plenamente libre. Para Libra, el zafiro es una ayuda importante en el camino que lleva a comprender con claridad las correspondencias cósmicas.

La turquesa, que aúna las vibraciones azules del cielo con el verde terrestre, supone una combinación literalmente ideal para el nativo del signo, siempre en busca de la armonía. La turquesa almacena y retransmite las energías constructivas y positivas del cosmos, y ayuda a superar los períodos de dificultad.

Escorpión

Constante hasta el agotamiento, absolutamente franco, jamás olvida.

El Escorpión no es persona de medias tintas. Lo pone todo al servicio de sus objetivos y cuando se empeña en algo, lo persigue hasta el límite de sus recursos corporales y psíquicos. Si quiere averiguar algo, por ejemplo, hurgará sin descanso hasta enterarse con toda exactitud. Cuando inicia una empresa, persevera en ella caiga quien caiga.

Los nativos del signo irradian confianza en sí mismos y, en efecto, casi nada consigue quebrantarla. En todo caso puede suceder que el Escorpión llegue a dudar de sí mismo si consta que ha cometido una equivocación. No escucha con agrado las críticas ajenas, y si éstas son además injustas, podemos estar seguros de que su memoria de elefante no las perdonará.

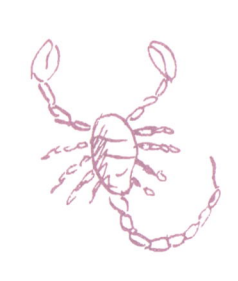

El Escorpión se ufana de su fuerza de voluntad, que le ayuda a triunfar en todo cuanto se propone. Y cuando no lo consigue al primer envite, adopta una postura de espera, persuadido de que el tiempo jugará a su favor. Y suele acertar, en el sentido de que su perseverancia y su paciencia le ofrecen las mejores oportunidades. Sin embargo, a veces, esas mismas cualidades le conducen a encerrarse en un callejón sin salida. Cuando se equivoca y se ve obligado a reconocer que ha llegado al límite, es posible que caiga en una profunda depresión. Entonces desearía que algo le sacase del apuro en que él mismo se ha metido y le permitiese participar de la grandeza y de la totalidad del cosmos.

Puede ser un amigo excelente y un enamorado fiel, si encuentra a la persona en quien confiar hasta el punto de ceder y someterse alguna que otra vez.

El Escorpión ama los placeres de la vida, es sociable y le agrada la frecuentación de los restaurantes, en donde se muestra muy crítico en cuanto a la calidad de los platos y de los vinos. Siempre dice la verdad y le cuesta aprender que la verdad a veces ofende y hace perder amistades.

Las piedras de los nacidos bajo el signo de Escorpión

El ágata, con sus inclusiones cristalinas, le abre los ojos a la claridad y a la pureza íntima de su propio ser, ayudándole a conservarla, lo cual resulta de mucho valor en todas las situaciones difíciles de la existencia.

La calcedonia es el socorro en las épocas de grandes apuros. Cuando uno se ve derribado por un revés de la fortuna y, casi diríamos, ya vencido, la calcedonia infunde nueva fe y confianza en uno mismo, en las propias facultades y en la propia creatividad. Así confortado, Escorpión forjará nuevos planes y conseguirá rehacerse.

La fluorita fomenta el desarrollo del entendimiento, por cuanto armoniza los aspectos positivos del raciocinio con los negativos. Con la ayuda de la fluorita, el nativo del signo pondrá su ingenio, su perseverancia y su enérgica voluntad al servicio de fines comunitarios, evitando los excesos del egoísmo.

La hematites presenta especial utilidad para los nativos de Escorpio, ya que confiere paciencia y ecuanimidad. Con sus colores maravillosos que evocan todos los matices de la tierra, le faculta para aceptar soluciones negociadas, le ayuda a confiar en los interlocutores deponiendo su propia voluntad aunque sólo sea por una vez. Esta experiencia le enriquecerá y le hará todavía más seguro de sí mismo.

El jade le comunica alegría de vivir y fe en el futuro. Le permite percibir y admitir sin reservas las bellezas del mundo y esto corrige la dureza de su carácter haciéndole más comprensivo, al tiempo que le servirá para disfrutar más la vida y comunicar su optimismo a las personas que le rodean.

La malaquita le confiere capacidad para enfrentarse a sus propios defectos y asumirlos. Al conocerse mejor a sí mismo también aprende a ser más comprensivo para con los demás. Por ejemplo, cuando diga la verdad, como tiene por costumbre, sabrá hacerlo con más tacto y consideración, evitando heridas y agravios innecesarios.

La obsidiana flexibiliza las estructuras anquilosadas y esto, para lo que concierne a los nacidos bajo el signo de Escorpión, alude tanto a los aspectos psíquicos como a las frecuentes contracturas musculares en nuca y hombros, relacionadas con su férrea voluntad. Con esta piedra podrá relajarse y dejar que las cosas y las ideas sigan su libre curso sin empeñarse en intervenir siempre.

El rubí le sirve para sublimar su vigor emocional y su sexualidad permitiéndole el conocimiento del amor. Las radiaciones rojas faci-

litan la sintonía con el corazón de la pareja, y le infunden al Escorpión constancia en el amor. Gracias a ellas llega a intuir la posibilidad de la armonía cósmica perfecta.
La turmalina se elegirá de preferencia en su variedad de color rojo. Le servirá al Escorpión para descartar planes y proyectos en los que se haya empeñado y que, pese a su gran perseverancia, no le conducen a ninguna parte; al mismo tiempo evitará la depresión y la pérdida de confianza que habitualmente acompañan, para él, a semejantes fracasos.

Sagitario

De temperamento alegre, desea que los demás participen de su optimismo.

El Arquero es el optimista por antonomasia. Los Sagitario viven persuadidos de que el mundo tiene muchas cosas bellas que ofrecerles; anhelan conocer países lejanos y culturas exóticas, y les gustaría vivir grandes aventuras. Al mismo tiempo desea comunicar a todo el mundo su convicción en cuanto a las alegrías y las riquezas de la naturaleza y la belleza de la tierra.
Estas actitudes fundamentalmente alegres y sociables hacen de Sagitario un educador ideal. De ahí que encontremos a muchos nativos del signo en las profesiones pedagógicas y de asistencia social o religiosa. Son también excelentes moderadores y periodistas.
Su carácter abierto no excluye, sino todo lo contrario, un gran sentido de la responsabilidad. Como posee además un carácter justiciero, no tolera que se agravie a nadie. En presencia de una injusticia monta fácilmente en cólera, aunque se le pasa en seguida y además no suele ser rencoroso.
En su búsqueda de lo novedoso y de lo desconocido, Sagitario corre el riesgo de volverse antojadizo, inconstante. En estas condiciones, el cambio llegaría a ser la única cosa permanente de su vida.
Cree que su propia franqueza es un rasgo común a todas las personas, y que todo el mundo se rige por los mismos valores morales que él.
Su don de gentes hace de Sagitario un contertulio apreciado, invitado a todas las reuniones y propuesto para ascensos y cargos honoríficos.

Debe precaverse, para que esos honores no se le suban a la cabeza y no caiga en el error de creerse infalible, que es defecto frecuente en los nativos del signo.

Las piedras de los nacidos bajo el signo de Sagitario:

La amatista le infunde confianza en el sentido de la vida. Cuando se halla abatido y podría llegar a dudar de los principios que han inspirado su existencia hasta el momento, la amatista resucita sus facultades intelectuales y le ayuda a volver en sí. En estas condiciones se halla idealmente dispuesto a recibir mensajes que le revelen las dimensiones superiores del ser.

La aventurina potencia todas las cualidades positivas de los nacidos bajo el signo de Sagitario. Amplifica la alegría interior que irradian y pone en armonía sus vibraciones con las de la naturaleza, lo cual redunda en efectos beneficiosos para todas las personas que le rodean. La gratitud que recibe de éstas, a su vez, halaga y fortalece su amor propio.

El lapislázuli le ayuda a poner en práctica su concepto de la vida y sus ideas sobre la necesidad de compartir alegrías. El lapislázuli le muestra el camino al Sagitario que anda buscando pareja, para que encuentre a una persona capaz de sintonizar con su eterna búsqueda de lo nuevo y su afición a lo exótico y desconocido.

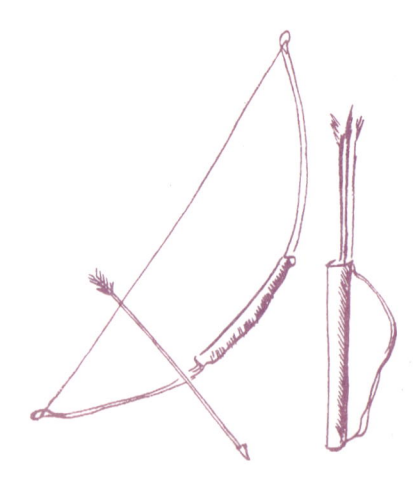

La piedra de la luna abre en él nuevas fuentes de creatividad y fantasía; pero la propiedad más importante de esta piedra para Sagitario es su vinculación telúrica, que contrarresta las tendencias frívolas y caprichosas del signo. La piedra de la luna equilibra su ánimo y le infunde paz interior.

El ópalo es el talismán brillante del Arquero, puesto que su variada coloración refleja la multiplicidad de aspectos de la vida. Y así como Sagitario está persuadido de la riqueza y la variedad del mundo material, el ópalo le abre los ojos a la abundancia de la vida espiritual.

El cuarzo rosado le comunica la ternura y el cariño que se echan en falta a veces en su personalidad inquieta y mudable. Bajo la influencia del cuarzo rosado Sagitario llega a conocer los sentimientos de contento y seguridad, y se disipa el nerviosismo que suele despertar en ellos la nostalgia de aventuras y de lejanías.

La sodalita le proporciona energía para defender sus puntos de vista y ser fiel a sí mismo. Le ayuda a concentrar sus pensamientos en lo esencial y le permite penetrar en los planos superiores.

El topacio en su variedad dorada es fiel acompañante de Sagitario en sus viajes. Las inclusiones doradas le muestran el camino verdadero a través de las distancias, por grande que sea la tiniebla, y favorecen la virtud de la perseverancia.

La turmalina le ayuda a ser constante en sus proyectos y en sus propósitos. De esta manera podrá alcanzar la solvencia material que su continuo afán de viajes requiere. Y también le sirve para recordar que la verdadera felicidad sólo se encuentra en el equilibrio interior, para que no crea que la vida se compone sólo de cargos, honores y relaciones de sociedad.

Capricornio

No hay legajo tan imponente ni escalera tan empinada que le impidan alcanzar los éxitos profesionales que ambiciona por encima de todo.

Capricornio quiere alcanzar las cumbres más altas por su propio esfuerzo, y generalmente lo consigue. Suele combinar la ambición con la tenacidad y la capacidad de preservar su realismo en todas las situaciones.

Para Capricornio el cumplimiento del deber es algo más que una mera consigna. No escatimará esfuerzos para cumplir con las tareas que se le hayan asignado puntualmente y según su más leal saber y entender. En esto no conoce el descanso, y desde luego no será él quien pierda el tiempo con ensoñaciones, ni entregado a una vida de molicie.

Los Capricornio son realistas de pies a cabeza. Mientras otros están pensando lo que harían si se les concediese un aumento de sueldo, él ha descubierto ya la manera de mejorar sus ingresos o la inversión más lucrativa.

Es tradicionalista, y quiere que todo en su vida se desarrolle con arreglo a las normas de la corrección; el buen orden le parece tan indispensable en todo como el cumplimiento del deber.

Como se toma la vida tan en serio y tiene tanto sentido de la corrección, a veces parece que le falta un poco de alegría. Pone los deberes profesionales y el cumplimiento de las normas sociales por encima de las relaciones humanas.

Los altibajos sentimentales y las emociones fuertes le causan gran trastorno e inseguridad. Cuando se halla en tal situación, sin embargo, prefiere ocultarlo, y entonces parece desvalido, o frío e incomunicativo.

Cometería una equivocación quien le juzgase por esas apariencias, pues se trata de una persona muy capaz de albergar sentimientos profundos y grandes pasiones. Es un compañero fiel para toda la vida, pero antes de entregarse y abandonarse a sus sentimientos le gusta estudiar con atención si la otra persona es verdaderamente merecedora de tal confianza.

Las piedras de los nacidos bajo el signo de Capricornio:

El cristal de roca le permite acceder a la claridad y a la pureza del espíritu; de esta manera sabrá superar sus propios límites y en vez de pensar sólo en sus obligaciones y en sus reglas, ocasionalmente conseguirá dejar un poco de espacio a los aspectos alegres y frívolos de la vida.

El diamante mejora su capacidad de concentración y le infunde perseverancia para seguir su camino, pero es más importante todavía la claridad del diamante por cuanto abre los sentidos a las cosas bellas, al arte y a la música. Con esta ayuda Capricornio supera su mentalidad algo prosaica y llega a conocer placeres superiores que habitualmente le estarían vedados.

El jaspe favorece su constancia y su fe en el porvenir, y además le recuerda, mientras él anda empeñado en seguir el camino ascendente de su carrera, que hay otras cosas dignas de atención aparte del progreso individual.

La malaquita puede ayudarle a conocer todas aquellas cosas que por lo general él prefiere tener confinadas en el inconsciente. De esta manera, al dar más campo a la vida emotiva, los sentimientos, los sueños y los deseos reprimidos, llega a conocerse mejor a sí mismo, lo cual multiplica sus posibilidades de éxito y su satisfacción, además de merecerle un aprecio más sincero por parte de sus conocidos y colegas.

La obsidiana con su gran dureza le ayuda a perseguir sus objetivos, y le inmuniza frente a los influjos negativos que podrían perjudicar a su vitalidad. La obsidiana contrarresta dificultades emocionales y titubeos, restablece la estabilidad del Capricornio y le permite comprender la unidad superior del macrocosmos con el microcosmos.

El cuarzo ahumado le sirve al nacido bajo el signo de Capricornio para no ser tan codicioso de bienes materiales y le hace más tolerante y comprensivo con las personas que le rodean y que quizá se rigen por una sensibilidad diferente de la suya. Cuando le acompaña el cuarzo ahumado, Capricornio sigue teniendo por norte el sentido del deber y la afición al orden, pero llega a comprender que existen otros mundos hasta entonces desconocidos para él, pero no menos interesantes.

El zafiro potencia todavía más los efectos del cuarzo ahumado. Capricornio ve entonces que la vida es efímera y que hay planos superiores del espíritu; le ayuda a conocerlos y su mente capta la sublimidad de los principios cósmicos.

La turmalina en su variedad de color negro facilita la consecución de los objetivos de bienestar material e influencia social que le son tan queridos, pero al mismo tiempo le recuerda que los ha merecido gracias a su trabajo asiduo, lo cual contrarresta posibles tendencias vanidosas o arrogantes. Con sus vibraciones sedantes y equilibradas, la turmalina le pone en sintonía con la unidad del cosmos.

La citrina fortalece el aura de Capricornio y le infunde confianza en sí mismo y calor humano, incluso en los períodos de dificultad, evitando que dude de sí mismo y llegue a desesperar. Dotado de esta serenidad íntima y de fe inconmovible en el porvenir, podrá descubrir el sentido verdadero de la vida.

Acuario

Necesita la libertad y la independencia como el aire que respira y su optimismo alegre le permite vencer todas las contingencias.

El nacido bajo el signo de Acuario ama la libertad y la independencia, y sufre física y moralmente cuando se halla prisionero de un sistema que no haya elegido voluntariamente él mismo. En tal eventualidad, procurará escapar por todos los medios.

Acuario es aficionado a la novedad; para él progresar es buscar incesantemente lo nuevo y ni siquiera le afecta demasiado que los seres queridos no sean capaces de acompañarle en ese afán incesante.

La iniciativa de los nativos de Acuario es el motor de todos los inventos técnicos, de todas las reformas y de todas las revoluciones. Acuario es el compañero ideal en cualquier empresa orientada cara al futuro.

En su vida privada no quiere sujetarse a convencionalismos de ninguna especie, y se salta todas las reglas con alegre decisión, aunque al mismo tiempo procura no molestar ni ofender a nadie.

Le agradan las discusiones interminables, en las que se muestra abierto y tolerante, y nunca regatea su tiempo con tal de explicar sus puntos de vista o cuando se trata de sacar al prójimo de un apuro. En estas condiciones es capaz de olvidar sus propias metas, pero no le importa, pues cree que siempre podrá recuperar luego lo que de momento haya dejado de lado.

En la convivencia íntima no es un compañero fácil; su sentimiento de ser algo especial puede representar una dificultad para el entendimiento y la mutua entrega.

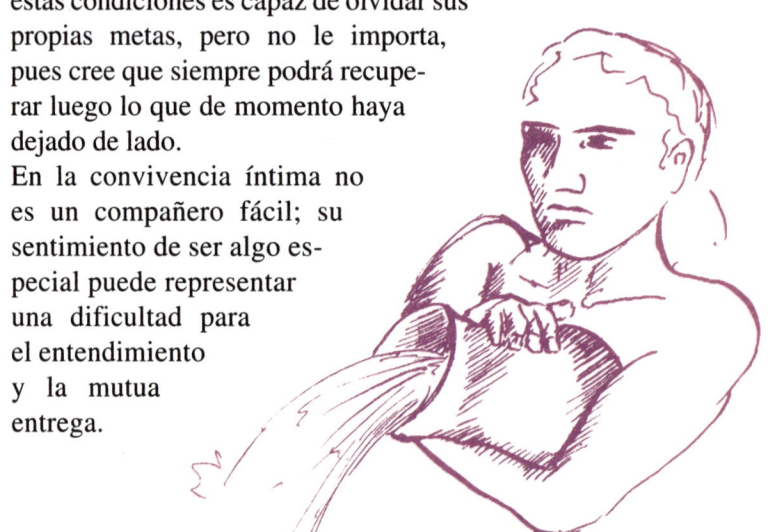

Las piedras de los nacidos bajo el signo de Acuario:
La calcedonia, con sus vibraciones suaves y su luminosidad, sosiega y equilibra al nativo de Acuario, que suele ser bastante propenso a oscilaciones del ánimo, y tal ayuda es particularmente útil durante las épocas de excesiva fatiga profesional o de grandes complicaciones íntimas. La calcedonia evita la impaciencia, la precipitación, y le confiere mayor ecuanimidad al nativo de este signo.

El diamante, con su luz clara y pura, y con la pureza de su composición, tiende a ordenar las ideas de Acuario, que adolecen de cierta confusión en ocasiones. Le ayuda a encontrar el conocimiento de sí mismo y le confiere perseverancia y constancia en los sentimientos.

La fluorita es un mineral de múltiples dimensiones. Expresa principalmente los aspectos superiores de la mente racional, de una racionalidad armonizada con las necesidades del espíritu. Le acerca las nociones intelectuales de la verdad así como las intuiciones cósmicas y universales, lo cual favorece su anhelo investigador y su afán de romper con lo viejo para buscar nuevos rumbos.

El jade es una de las piedras sagradas más antiguas y representa el vínculo con la tradición. Lo necesita Acuario para comprender el legado de la ciencia y la sabiduría antigua, para no alejarse demasiado de sus raíces mientras se encamina en busca de las más lejanas orillas.

La malaquita le hace ver lo que inconscientemente sospechaba pero no había logrado formular como idea clara o proyecto consciente. Y también es importante para Acuario porque le enseña a confiar en sí mismo y a escuchar con más atención los mensajes de su propio cuerpo, refrenando su impaciencia y contrarrestando su tendencia a abusar de las propias energías sin concederse descanso.

La piedra de la luna le pone en comunicación con las energías de la naturaleza. Gracias a ella, Acuario comprende que todos los seres y todas las materias de este mundo tienen un lugar asignado en el gran círculo de los flujos de la energía y la luz. La piedra de la luna le infunde paciencia, le facilita la comprensión del mundo que le rodea, le hace indulgente para con los demás, aunque se vea rodeado de personas incapaces de seguir su ritmo y su afán inextinguible de novedades.

El ópalo confiere solidez a su rica fantasía, favorece su creatividad y le ayuda a poner en práctica los muchos proyectos e ideas que pasan constantemente por su cabeza. El espectro cromático de esta piedra refleja para Acuario la abundancia y la multiplicidad de formas del cosmos.

El ónice le enseña que, aparte sus representaciones habituales, existen otros mundos dignos de ser investigados y vividos. Las vibraciones densas del ónice le transmiten la serenidad necesaria para ello y le muestran los caminos que su espíritu debe recorrer para alcanzarlos.

La turmalina es una de las piedras más perfectas de la naturaleza. Su capacidad para reflejar todos los rayos del espectro cromático, desde el blanco más claro hasta el negro más opaco, es un desafío para Acuario, que le invita a deponer la superficialidad y la frivolidad. Modera la rapidez excesiva de su mente mostrándole el valor de la calma y de la perseverancia y haciéndole más atento a las necesidades de las personas de su entorno.

Piscis

No hay más remedio que amarle, porque suele ser hasta demasiado bueno para este bajo mundo.

Los nacidos bajo el signo de Piscis viven en el mundo de los sentimientos y son, por lo general, extraordinariamente sensitivos. Ello les permite captar las variaciones atmosféricas y adivinar al instante el estado de ánimo de los demás.

En efecto Piscis es delicado, pero no quiere que se le note, por lo cual procura disimular las heridas que llagan su ánimo sensible revistiéndose de una coraza de jovialidad y fingiendo indiferencia. La verdad es que tal ficción no suele dársele bien, aunque tampoco desea que nadie le consuele. Nada aborrece tanto Piscis como hallarse en el centro de la atención ajena.

Todo esto no significa, sin embargo, que Piscis no sea capaz de llevar una vida normal. Ocurre que muchos se aprovechan de su constante disposición para ayudar a los demás y sentir como suyas las cuitas y las preocupaciones del prójimo.

Piscis comprende instintivamente que las actitudes de rechazo, resistencia o desdén se vencen con relativa facilidad poniéndose en el lugar de los demás; por esta razón los encontramos a menudo en las profesiones terapéuticas o de asistencia social.

Cuando Piscis consigue asumir su propia sensibilidad, si combate al mismo tiempo la tendencia a rehuir el mundo y permanece fiel a sus propios ideales y concepciones, le tendremos en una posición idónea para llegar a abarcar los secretos más profundos de la vida.

En cambio, cuando Piscis se siente desvalido, y excedido por los sinsabores de la existencia, puede ocurrir que abandone la lucha y se cierre por sistema ante el menor desafío.

Las piedras de los nacidos bajo el signo de Piscis:

El ágata le infunde al nativo de Piscis perseverancia, paciencia y sentido de las realidades. Bajo el influjo de esta piedra, Piscis cobra confianza en sí mismo y podrá utilizar los aspectos positivos de su personalidad para conquistar el éxito así como el aprecio de las personas que le rodean.

La amatista le fortalece, de tal manera que le hace capaz de abrir su corazón y su espíritu al amor en la manera más connatural a su modo de ser. Le comunica creatividad para la expresión de sus sentimientos, permitiéndole convertirlos en ideas y realizaciones originales.

El diamante promete más dones a Piscis que a ningún otro signo del Zodíaco. Sus vibraciones nítidas y su luz clara y pura, combinadas con su dureza transparente, le ayudarán a asumir su propia transparencia y sensibilidad asociándolas a la claridad y a la dureza del diamante.

El granate con su fuego rojo intenso le proporciona energía activa, fuerza de voluntad, éxito y buena suerte. Fortalece el ánimo y la decisión del nativo de Piscis evitando que se pierda en los sueños e induciéndole a actuar con vigor en la práctica.

El jade fomenta y estimula esos rasgos sensitivos, comprensivos y cariñosos de la personalidad de Piscis. Le presta armonía y serenidad, le ayuda a transmitir la sabiduría de su corazón y ensancha su ánimo haciéndole capaz de percibir toda la belleza y la plenitud de la vida.

La carnalina, con sus tonos rojos, anaranjados y dorados, le ayuda a prescindir del pasado, abrirse al instante actual y vivir confiados en el futuro. Confiere permanencia y solidez a la delicada emotividad de Piscis.

El cuarzo rosado, con su luminosidad agradable y sus vibraciones pacíficas, favorece la armonía interior de los Piscis y les ayuda a superar esos altibajos del ánimo a que son tan propensos. Sus irradiaciones rosadas cicatrizan las heridas emocionales y renuevan la alegría de vivir.

La sodalita concentra la mente haciendo que se fije en los aspectos esenciales, impidiendo que Piscis se pierda en sus ensoñaciones y se aleje demasiado de la realidad. Le proporciona vigor y voluntad para perseverar y para continuar fiel a sí mismo en cualquier situación.

La citrina impide que Piscis se deje arrastrar por la abundancia de sus sentimientos y que sepulte demasiadas cosas en su fuero interno, ya que ello podría originar bloqueos en la región del plexo solar y sería causa de intranquilidad, insatisfacción e irritabilidad. Con la ayuda de la citrina, Piscis vencerá las mayores dificultades y dominará mejor las tempestades emotivas que a veces amenazan con arrastrarle.

ÍNDICE

Prólogo 7
La medicina sutil entre el prodigio y la ciencia 7
El suave camino hacia un mayor bienestar 7
Sobre la virtud terapéutica de los colores y de las piedras preciosas 9

¿Qué son los colores?
Nuestro mundo misterioso de luz y colores 11
Isaac Newton y el enigma del arco iris 11
El ojo, antena de radio 12
Los colores puros no existen 13
   El ojo tiene tres tipos de receptores 13
   El experimento del sol artificial 13
Así se engaña nuestro ojo 14
¿Por qué tienen color las cosas? 15
Los colores son de importancia vital 16
La dificultad de explicar el color 17
Ver sin utilizar los ojos 19
   Un caso típico de visión con los dedos 19

El naturismo, los colores y las gemas 21
Redescubrimiento de antiguos secretos 21
El culto solar egipcio, una cromoterapia 21
Las gemas como medio terapéutico en la India 22
Fototerapia y cromoterapia en la Edad Media 23
Éxitos de la cromoterapia en los siglos XIX y XX 24

Descubra su color personal 26
Lo que sus colores preferidos revelan acerca de su vida psíquica 26
El test de los colores: algo más que un juego 26
   Determinación gradual del color preferido 26
Lo que revelan los colores preferidos 27
1. El blanco• 2. El gris• 3. El negro• 4. El amarillo• 5. El anaranjado• 6. El verde amarillento• 7. El verde manzana• 8. El verde claro• 9. El verde aceituna• 10. El verde• 11. El azul• 12. El azul celeste•

201

Índice

---

13. El azul verdoso• 14. El azul marino• 15. El rojo•
16. El rosa• 17. El púrpura• 18. El violeta• 19. El lila•
20. El ocre• 21. El pardo• 22. El pardo oscuro o castaño

La vida secreta de los colores 38
Cómo armonizan el espíritu, la emotividad y el cuerpo 38
Ayurveda, la madre de la medicina 38
    La salud es el estado natural por antonomasia 39
    Los cinco elementos esenciales para la vida 39
    Los tres doshas, clave de la interpretación 40
Test para la determinación de su tipo dosha 41
El tipo vata 44
El tipo pitta 44
El tipo kapha 46
El tipo vata-pitta-kapha 47
¿Por qué conviene que conozcamos nuestro tipo dosha? 47
Los conocimientos de Ayurveda pueden
ayudar a evitar el estrés cromático 48
Los efectos psíquicos de los colores 49

Ayurveda y la virtud de los colores 50
Cómo concienciarse mediante los colores y sus vibraciones 50
Todos los colores tienen un significado profundo 50
    El rojo, fuego abrasador 51
    Anaranjado: sensualidad y generosidad 51
    El amarillo, color de la sabiduría 51
    El verde, renovación perenne 52
    El azul o la vibración de la vida 52
    El índigo, equilibrio entre los distintos planos 53
    El violeta y el poder de la voluntad 53
Las energías cromáticas y sus efectos 55
Resumen sobre las cualidades de los colores 55

Hacia la salud por el color 56
Prevención, tratamiento, vigorización 56
La cromaterapia como método paliativo y curativo 56

Las múltiples aplicaciones de la luz roja 57
El verde, color tonificante, tranquilizante y sedante 58
La luz azul tranquiliza y salva vidas 60
Luz ultravioleta contra el raquitismo y las caries 61
La luz espectral blanca disipa las murrias invernales 62
El rosa alegra y el azul fatiga 62
La irradiación cromática como tratamiento de apoyo
o con finalidad preventiva 64

Hacia el automejoramiento por las aplicaciones del color   69
La vía sutil hacia la armonía y la belleza   69
Acupuntura más virtud de los colores   69
Luz contra las arrugas, el acné y la celulitis   71
Así funciona la cromaterapia de belleza   72
Cómo se tratan la piel seca y las arrugas   72
Salud a domicilio   73
Gafas coloreadas contra el estrés   73
Efectos y aplicaciones de las gafas coloreadas   74
Ejercicios de respiración para estimular el riego sanguíneo   76
Los colores idóneos en decoración e indumentaria   76
Prueba número uno • Prueba número dos • Prueba número tres. La elección de colores para salas de estar • La elección de los colores para el comedor Los colores del cuarto de baño • Sorpresas de alcoba • El efecto del color en el atuendo

Los colores y las piedras preciosas   81
Secretos, leyendas y fascinación de las gemas   81
El verdadero valor de las piedras preciosas   81
¿Inversión de capital? ¿Regalo de distinción?   82
El amuleto, guía para orientarse en medio del caos   83
Significación de las piedras en las culturas del pasado   84
Eficacia mágica y efecto salutífero   85
Las piedras y los cristales: su origen y composición   86
1. El ciclo magmático • 2. La serie sedimentaria • 3. La serie metamórfica

Índice

«Familias» minerales	87
Criterios para la identificación de minerales y cristales	88

1. El sistema de cristalización• 2. Color externo y raya• 3. Dureza• 4. La exfoliación• 5. El brillo y la transparencia• 6. Peso específico

El esplendor de la piedras preciosas — 93
Pequeña nómina de cristales y minerales — 93
Desde la actinolita hasta el zirconio — 93

Las piedras preciosas y los siete chakras — 112
Los centros energéticos y su armonización por medio de los colores y las gemas — 112

El reino mineral y los siete chakras	112
El chakra primero	113
El chakra segundo	114
El chakra tercero	114
El chakra cuarto	115
El chakra quinto	117
El chakra sexto	117
El chakra séptimo	119

Las piedras preciosas a nosotros confiadas — 120
Cómo guardar y conservar las piedras preciosas y los cristales — 120

Las piedras preciosas y los cristales aman la luz y el agua	120
El arte de posicionar las piedras	122
El remedio a las angustias psíquicas	122
Cobrando energía para dar sentido a la vida	123

Las piedras preciosas, nuestro auxilio
Las aplicaciones de las gemas y sus efectos en cuerpo y espíritu — 124

Las piedras y sus aplicaciones	124
Cómo elegir las piedras y los minerales	125
Adularia	135
Ágata	135

Índice

Ágata musgosa	136
Aguamarina	137
Amatista	138
Ámbar	140
Aventurina, crisocuarzo	140
Azurita	141
Berilo	142
Calcedonia	143
Calcita	144
Carnalina	145
Citrina	146
Crisocola	147
Crisoprasa	148
Cristal de roca	148
Cuarzo ahumado	150
Cuarzo rosado	151
Diamante	151
Esmeralda	153
Fluorita	153
Granate	155
Hematita	155
Jade	156
Jaspe	157
Lapislázuli	158
Malaquita	159
Ojo de tigre	160
Ónice	160
Ópalo	161
Pirita	162
Pirita de hierro	163
Rubí	164
Sodalita	164
Topacio	165
Turmalina	167
Turquesa	168
Zafiro	169
Reglas y consejos para la autoterapia con las piedras preciosas	171
Consejos para la elaboración de elixires de gemas	172

205

Los planetas, los signos del Zodíaco y las piedras preciosas que les corresponden   173

Correspondencias misteriosas entre los planetas
y los minerales   173
Asignaciones que vinculan las piedras preciosas
con los planetas y los signos zodiacales   173
Aries   174
Tauro   175
Géminis   177
Cáncer   179
Leo   182
Virgo   184
Libra   186
Escorpión   188
Sagitario   191
Capricornio   193
Acuario   196
Piscis   198

Colección Nueva Era

Títulos publicados

El poder mágico de los cristales – A. Gallotti
Vivir en casa sana – M. Bueno
Mensajes del más allá – Jon Klimo
Las artes psíquicas – B. Gittelson
Manos que curan – Barbara Ann Brennan
Imágenes creativas: Visualización terapéutica – W. Fezler
Gaia: la Tierra inteligente – Paul Devereux,
John Steele y David Kubrin
Otras vidas, otras identidades – Roger J. Woolger
Magia sexual – Dolores Ashcroft-Nowicki
Mujeres que curan – Diane Stein
Curaciones chamánicas – Mary Summer Rain
El aura – Dora van Gelder Kunz
El gran libro de la casa sana – M. Bueno
Las profecías de la Tierra – Sun Bear y Wabun Wind
Iniciación chamánica – Kenneth Meadows
Manual del sanador de casas – Román Cano
La memoria de la Tierra – Paul Devereux
El poder mágico de los laberintos – Sig Lonegren
Curar con amor – Leonard Laskow
El poder de curar está en sus manos – Dolores Krieger
Hágase la luz – Barbara Ann Brennan
La danza y las energías – Ted Andrews
Retorno de la muerte (Más allá de la luz) – P. M. H. Atwater
El libro de los ángeles – Sophy Burnham
Comunícate con tu ángel guardián – Penny McLean
Colores y cristales – S. Franzen y R. Müller